AF389037

ESTIENNE DE LA BOÉTIE

Estienne de La Boétie

SA VIE, SES OUVRAGES

ET SES RELATIONS AVEC MONTAIGNE

PAR

PAUL BONNEFON

Sous-Bibliothécaire à l'Arsenal.

BORDEAUX

P. CHOLLET, IMPRIMEUR-LIBRAIRE

13, PASSAGE SARGET

1888

A M. REINHOLD DEZEIMERIS

CORRESPONDANT DE L'INSTITUT

Estienne de La Boétie.

***

Depuis que le *Contr'un* parut pour la première fois, en 1574, incomplet, tronqué, mutilé, sans nom d'auteur, dans le *Réveille-Matin des François*, bien des éditions s'en sont succédées; bien des commentateurs, — et des plus célèbres, — ont tenu à honneur d'étudier et d'expliquer cet opuscule de La Boétie. Est-ce à dire que la pensée de son auteur ait été parfaitement comprise? En littérature, comme en politique, les hommes se laissent séduire par le nom seul de la liberté et ceux-là qui leur en parlent sont assurés de leur bienveillance et, parfois, de leur admiration. Ce sentiment involontaire d'indulgence n'a pas nui à La Boétie. Gagnés par la grandeur de la cause qu'il défend, les éditeurs du *Contr'un* en ont surfait les mérites, sans en apercevoir nettement tous les défauts; ils ont jugé l'œuvre avec les idées de leur temps, et omis de la replacer dans le milieu et à l'époque où elle avait été composée. Aussi, en ont-ils exagéré la portée, car ils y ont trouvé plutôt ce qu'ils désiraient y rencontrer que ce que son auteur lui-même y avait mis. Telle n'était pourtant pas la marche à suivre: l'examen attentif des circonstances diverses au milieu desquelles ce discours fut composé par La Boétie modifierait singulièrement cette opinion et ferait apprécier l'œuvre à sa juste valeur. C'est là ce que nous avons essayé de faire, pour notre part. Nous avons voulu, à l'aide de l'étude consciencieuse de Montaigne, de ses *Essais* et de ses préfaces, — car Montaigne a su mettre dans ses ouvrages tant de lui-même, qu'il y faut toujours recourir, lorsqu'il s'agit de le mieux connaître, lui ou ses amis, — à l'aide aussi des différents écrits de La Boétie, en les comparant, en les rapprochant les uns des autres, nous avons voulu jeter une lumière vraie sur le rôle littéraire de La Boétie et sur ses relations avec Montaigne. Pour avoir été fort courte, la vie du penseur périgourdin ne renferme pas moins des obscurités et des problèmes que nous avons cherché à dissiper et à résoudre. Plusieurs points restent encore dans l'ombre malgré nos efforts; nous espérons cependant que cette étude, composée sans parti-pris, écrite avec une scrupuleuse exactitude, fera mieux comprendre la pensée de La Boétie et le but de son œuvre.

Comme leur titre l'indique, nous avons divisé les pages qui suivent en trois parties, afin d'arriver plus sûrement à cette appréciation impartiale qui doit être la fin suprême des efforts de l'historien. Nous avons essayé, d'abord, de faire, d'après les documents et les témoignages contemporains, le récit de l'existence tout entière de La Boétie. Quelles que soient les lacunes inévitables d'une semblable entreprise, c'est par là qu'il fallait commencer. L'examen des ouvrages de La Boétie et de son amitié pour Montaigne n'en est que le corollaire. Aussi cette première partie a-t-elle été reconstituée avec des soins méticuleux, qui ne paraîtront pas inutiles pour saisir la véritable portée du *Contr'un* et la justesse des sentiments de Montaigne (1).

(1) Nous avons traité en appendices quelques points secondaires, à peine effleurés au cours de cette notice, et qui méritent pourtant d'être examinés avec un certain développement. Voir Appendice I.

I

STIENNE de La Boétie naquit à Sarlat, le mardi 1ᵉʳ novembre 1530, deux années seulement avant son illustre ami Michel de Montaigne. Sa famille tenait, dans le Périgord, un rang fort honorable, et son père, Antoine de La Boétie, occupait à Sarlat, le poste de lieutenant particulier du sénéchal de la province. C'est lui qui fit commencer l'éducation de ce jeune esprit, qui promettait déjà des dispositions exceptionnelles. Mais une mort prématurée (1) le força bientôt à laisser ce fils à son frère, Estienne de La Boétie, sieur de Bouilhonnas, qui était aussi

(1) Le 9 juin 1540, il signait, en sa qualité de lieutenant particulier du sénéchal de Périgord, à Sarlat, le procès-verbal de l'enregistrement d'une enquête, faite en faveur de Jean de Gontaud-Biron, à la suite d'un incendie, qui, en 1538, avait consumé les archives conservées dans une des tours du château de Biron *(Archives historiques du département de la Gironde*, t. II, p. 145-147*)*. — Voir APPENDICE II.

le parrain de l'enfant. Celui-ci s'acquitta admirablement du
devoir qui lui incombait : il fut vraiment un autre père
pour l'orphelin, et plus tard, à son lit de mort, Estienne de
La Boétie rappelle, avec une reconnaissance touchante,
que c'est à son oncle « qu'il doit son institution et tout ce
qu'il est et pouvait être (1) ».

Le sieur de Bouilhonnas acheva donc l'instruction que
son frère avait entreprise. Il fit enseigner à son neveu les
humanités et la philosophie, et lorsque les progrès, dans
ces deux branches, eurent été aussi remarquables qu'on les
attendait de cette précoce intelligence, il voulut que le jeune
homme s'adonnât au droit et à la jurisprudence. Le moment
était venu d'abandonner la famille, au sein de laquelle on
faisait d'ordinaire alors ses premières études. Pourtant La
Boétie poussa plus avant qu'on ne le faisait habituellement
l'éducation qu'il avait commencée au milieu des siens.

La Renaissance était, à ce moment, dans tout l'éclat
de sa splendeur et son influence bienfaisante se ressentait à
Sarlat. En 1533, le roi François 1er avait nommé au siège
épiscopal de cette ville le cardinal Nicolas Gaddi, parent des
Médicis, qui occupa ce poste jusqu'en 1546, c'est-à-dire
pendant l'enfance et l'adolescence d'Estienne. Prélat in-
struit, ami des lettres et des arts dont le goût était de tradition dans sa famille, le cardinal Gaddi tenait en particu-

---

(1) Voir ci-dessous son testament. — Avant d'être curé de Bouilhonnas, Estienne de La Boétie fut prieur de Vayssières, près Sarlat.
Si l'on en croit une note manuscrite de l'abbé de Lespine, il avait
étudié à Toulouse, au collège Saint-Martial, de 1517 à 1523. C'est là
qu'il prit son grade de bachelier en droit, le 3 mars 1523, comme il
appert de titres que Lespine affirme avoir vus.

lière affection les lettres et les arts de la Grèce. C'est lui qui offrit à François 1ᵉʳ un certain nombre de manuscrits grecs précieux, qu'il tenait de son parent, Jean Gaddi, doyen de la chambre apostolique et plus épris encore que lui-même des choses de l'antiquité (1). Les esprits s'échauffèrent à ce contact; l'ardeur du cardinal Gaddi fit des prosélytes dans son diocèse, quoiqu'il n'y séjournât pas toujours. Nulle part elle ne fut mieux accueillie que dans la maison de La Boétie, située sur la place du Moustier et que quelques pas à peine séparaient de l'évêché. Là, il y avait une jeune âme déjà mûre pour comprendre le charme ineffable de la beauté antique, et qui trouva, dans cette passion, le germe puissant qui féconde et qui fertilise.

Aussi n'est-il pas vraisemblable, comme l'ont prétendu la plupart de ses biographes, qu'Estienne de La Boétie vint achever ses études au collège de Guyenne, qui était sans conteste le plus renommé de la région. S'il en eût été ainsi, comment expliquer, en effet, que Michel de Montaigne, qui y étudia depuis 1539 jusqu'en 1546, n'ait point entendu parler alors d'un écolier si remarquable? Ils ne lièrent connaissance que plus tard, au Parlement, et, au surplus, le récent historien du collège de Guyenne n'a pas rencontré, que je sache, le nom de La Boétie parmi les élèves de cet établissement (2).

(1) Notamment les numéros 809, 1,173, 2,412 du fonds grec actuel de la Bibliothèque Nationale (Léopold Delisle, *le Cabinet des Manuscrits de la Bibliothèque Nationale*, t. I, p. 158).

(2) M. Ernest Gaullieur, qui a donné sur le collège de Guyenne une monographie intéressante et pleine de faits (Bordeaux, 1875, in-8°). Cette tradition du passage de La Boétie a été, pour la première fois, mise en doute, par M. R. Dezeimeris, dans son étude sur la *Renaissance à Bordeaux*, p. 39.

De Sarlat, La Boétie alla donc directement à Orléans couronner, à l'Université des Lois, les études qu'il avait faites dans sa famille. C'est là qu'il prit ses grades, et les registres nous en ont conservé la preuve. « Le 23 septembre 1553, y lit-on, fut ordonné par le recteur et le collège de l'Université d'Orléans Maître Estienne de La Boétie, du diocèse de Sarlat, qui paiera pour droit de son grade de licencié en droit civil trente sols tournois, dix autres pour le droit de nation, mais rien pour la jurande, — ou inscription accompagnée du serment, — parce qu'il est bachelier. Fait dans le dit collège, l'an du Seigneur 1553, le 23ᵉ jour du mois de septembre. *Pour le secrétaire*, Chétaeu (1) ». Après cela, il demeure désormais certain que La Boétie acquit à Orléans cette profonde science juridique, dont ses contemporains nous disent qu'il était pouvu à un si haut degré, et qu'il reçut son diplôme de licencié en droit civil dans la belle

(1) En voici le texte : « Eodem die, pro licentia magistri Stephani » LA BOÉTIE, Sarlatensis diocesis, in jure civili, anno et die quibu- » supra (sic) : Pro domino scolastico, XL s. t.; pro bedello nationis, » V s. t.; pro procuratore, II s. VI d.; pro natione, X s. t.; pro » bursa Universitatis, XXX s. t.; pro receptore generali, II s. t., pro » scriba, XII d.; pro bedello generali ceterisque, XLVIII s. t.; » jura baccalaureatus. MYNIER, loco rectoris. — Eodem die quo » supra, ordinatun fuit a domino rectore et collegio Universitatis » Aurelianensis, quod magister Stephanus LA BOÉTIE, Sarlatensis » diocesis, solvet pro jure sui gradus Licenciatus in jure civili, » triginta asses turonenses, et pro jure nationis, decem alios; nihil » autem pro juranda, quia baccalaureus. Actum in dicto collegio, » anno Domini millesimo quingentesimo quinquagesimo tertio, die » vero vicesima tertia mensis septembris. CHETEAU, proscriba. » — Ce document important a été découvert et publié par M. Jules Doinel (*Documents du XVIᵉ siècle, tirés des archives orléanaises.* 1876, brochure in-8°, p. 7).

salle des Thèses, construite vers les commencements du XVe siècle et qui est maintenant le seul vestige survivant d'une grandiose institution (1).

L'Université d'Orléans était fort ancienne et fort renommée: avec celle de Toulouse, où le sieur de Bouilhonnas avait étudié et où l'on croit que Montaigne fit aussi une apparition, c'était sans conteste la plus ancienne et la plus renommée du royaume, après Paris. Dès les temps les plus reculés, elle fut le centre d'un ardent foyer d'instruction et compta dans son sein de nombreux élèves et des maîtres érudits (2). L'un d'eux, le bordelais Bertrand de Goth, devenu pape sous le nom de Clément V, se souvint de l'école où il avait passé sa jeunesse, et lui donna par des bulles du 27 janvier 1305, la règlementation qui lui manquait encore. Cette puissante organisation, qui régularisait un état de choses depuis longtemps existant, fit de la nouvelle université des lois une des écoles les plus fréquentées de France. Bientôt la réputation de ses docteurs s'étendit partout, et, à certaines époques, disent les chroniqueurs, plus de cinq mille étudiants, divisés en dix nations, en suivaient les cours de droit civil et de droit canonique (3).

(1) Boucher de Molandon, *La Salle des thèses de l'Université d'Orléans*, p. 17.

(2) Pour l'histoire de l'Université d'Orléans, il faut consulter les histoires générales d'Orléans (Lemaire, Symphorien Guyon), l'*Histoire du droit romain au Moyen-Age* de Savigny (t. III, p. 286) et surtout l'importante monographie de M. Eugène Bimbenet (*Histoire de l'Université des lois d'Orléans*, 1853, in-8°). C'est dans ce dernier ouvrage que nous avons puisé à peu près tout ce que nous en disons ici.

(3) Boucher de Molandon, *loc. cit.*

Cependant les luttes qui occupèrent le XVᵉ siècle tout
entier ternirent, un moment, l'illustration des écoles
d'Orléans; elle était revenue, sous les règnes de Louis XII
et de François Iᵉʳ, plus brillante que jamais. Une élite de
savants, tels qu'elles n'en avaient point encore possédés, s'y
était donnée rendez-vous pour enseigner en même temps.
Aussi les disciples abondèrent-ils vite, à nouveau, autour de
semblables maîtres. C'est pendant cette période d'éclat que
La Boétie y séjourna. Successivement il étudia sous Anne Du
Bourg, que sa science juridique devait promptement amener
au Parlement de Paris (1), sous Jean Le Jay, qui succéda à
Du Bourg comme recteur de l'université, sous Jean Mynier,
qui remplaçait momentanément le recteur en octobre 1553,
et signa, en cette qualité, les cédules de licencié de La Boétie,

(1) Anne Du Bourg enseignait à Orléans en 1549, avant même
d'être reçu docteur-régent. On conserve un manuscrit qui renferme
son cours de cette époque, ainsi que celui de son collègue Mynier
(Bibliothèque publique d'Orléans, nº 209). C'est un volume in-folio,
qui contient un commentaire sur deux livres du Code : le premier a
été interprété par Jean Mynier, le second par Du Bourg. En voici le
titre : *Commentaria ad titulum XVIII libri primi Codicis de juris
et facti ignorantia, et ad sexti libri Codicis titulum de Collationibus.*
Nommé régent au mois de mai 1550, Du Bourg entra en fonctions
en même temps que ses collègues Le Jay et Jean Robert. Il fut une
première fois nommé recteur le 23 juin 1553, en remplacement de
Jean Roille, et le demeura jusqu'au 7 octobre de la même année, la
dignité de recteur n'étant conférée que pour quatre mois seulement.
Nommé une seconde fois, il resta en exercice du 23 juin au 7
octobre 1555. Enfin, ayant obtenu ces fonctions une troisième et
dernière fois, il les tint du 23 juin au 7 octobre 1557. En novembre
de la même année, il quittait l'Université d'Orléans pour le Parlement
de Paris (Cf. Jules Doinel, *Anne Du Bourg à l'Université d'Orléans,
sa régence, son habitation, ses trois rectoreries.* Orléans, 1884, in-8º).

sous Jean Robert, le rival de Cujas, sous François Jamet,
Jean Roille et Pierre Caillart. De mérites assurément fort
divers, ces maîtres surent donner à leur jeune élève une
érudition peu commune, qui devait émerveiller bientôt le
Parlement de Bordeaux.

L'étude du droit était alors, comme on le sait, particulièrement ardue et difficile. A l'enseignement de la législation
romaine, que la méthode inaugurée par Cujas commençait
à vivifier, s'ajoutait l'examen d'innombrables coutumes,
toujours obscures, le plus souvent contradictoires. L'activité
des jeunes gens suffisait pourtant à cette tâche considérable,
tant l'ardeur au travail était grande, le goût du savoir
prédominant. Non contents de fouiller jusqu'en ses plus
intimes replis une science déjà si vaste par elle-même, ils
apprenaient encore tout ce qui l'approchait ou pouvait
l'éclairer, et ils gagnaient ainsi une érudition aussi solide
que variée. Tel fut le séjour de La Boétie à l'Université
d'Orléans. L'étude du droit n'occupait pas seule les fécondes
années de sa jeunesse. Il approfondissait la jurisprudence,
mais ces travaux, quoique importants, ne pouvaient suffire
à calmer la soif de tout connaître dont il était possédé.
Il se passionnait encore pour la philologie antique, qui
l'attirait comme elle attirait tout son siècle, et composait,
en manière de délassement, des vers français, latins ou
grecs (1). C'est même avant cette époque, au dire de ses
contemporains, qu'il écrivait le chef-d'œuvre qui devait

---

(1) Plusieurs des vers latins, qui nous sont parvenus, sont de cette
époque, notamment deux distiques adressés à Lambert Daneau et sur
lesquels nous aurons plus loin l'occasion de revenir.

immortaliser son nom, ce *Contr'un* dont les accents élo-
quents ont traversé les siècles et sont arrivés jusqu'à nous.
Plus loin, nous examinerons à loisir quelles en furent les
origines et les conséquences, dans la pensée de son auteur.
Maintenant il nous suffit de le placer à sa date, dans l'existence de celui qui l'avait conçu.

Par son zèle studieux ou ses délicats passe-temps, Estienne
de La Boétie acquérait une légitime réputation de conscience
et d'érudition, et ses précoces mérites lui ouvraient, avant
l'âge, les portes du Parlement de Bordeaux. Le 20 janvier
1553, le roi Henri II autorisait par lettres-patentes, Guillaume de Lur, conseiller au Parlement de Bordeaux (1),
celui-là même qui est nommé dans la *Servitude volontaire* (2),

(1) Guillaume de Lur de Longa, conseiller lay au Parlement de
Bordeaux depuis 1528, était un fervent ami des lettres. On le trouve
mentionné dans De Lurbe *(De illustribus Aquitaniæ viris*, p. 101),
qui en fait un émule du docte Briand de Vallée, l'ami de Rabelais et
conseiller lui aussi à Bordeaux. Buchanan lui adresse une charmante
pièce d'hendécasyllabes (édit. de 1628, p. 314), Jules-César Scaliger
une lettre flatteuse *(Epist.*, p. 132), et enfin, Robert Britannus, professeur au collège de Guyenne et plus tard à Toulouse, lui dédie le
livre de ses poésies latines (Toulouse, 1536). — Malgré sa retraite,
Guillaume de Lur conserva le droit d'entrée au Parlement, sans
cependant pouvoir ni consulter ni opiner (Emile Brives-Cazes, *le
Parlement de Bordeaux et la Cour des Commissaires en 1549*, p. 200).

(2) Sous le nom de *Longa*, ainsi qu'on le désignait alors assez
communément, notamment dans les registres secrets du Parlement.
« Le 29 mai 1528, y lit-on, M. M⁰ Raimond, autrement Guillaume
de Lur, dit de Longa, a esté reçeu audit office de conseiller de feu
M. M⁰ François Bonal », décédé le 24 mars précédent (Jean de Méti-
vier, *Chronique du Parlement de Bordeaux*, t. I, p. 272). — Le d^r
Payen s'est donc mépris en croyant que ce devait être Bertrand de
Larmandie, quatrième du nom, baron de Longa ou Longua (château
situé dans la commune de Sainte-Foy-de-Longa, arrondissement de

à résigner son état et office de conseiller en ladite cour, au profit de Maître Estienne de La Boétie, avocat au Parlement (1). A cette date, le futur conseiller avait seulement vingt-deux ans et quelques mois, et l'âge requis par les ordonnances pour tenir les offices de judicature était alors vingt-cinq ans. Aussi, quand, le 13 octobre suivant, — quelques jours seulement après avoir obtenu le diplôme de licencié, — le roi envoyait de Villers-Cotterets de nouvelles lettres-patentes pour pourvoir « son alme et féal Maître Estienne de La Boétie de l'office de conseiller en la cour par la résignation de Maître Guillaume de Lur », il y joignait des lettres de dispense, qui permettaient au jeune homme d'occuper sa charge. « Attendu, disaient-elles au Parlement, sa suffisance qui supplée en cest endroict l'aage qui lui pourrait défaillir, et ne voulant cela lui nuire et préjudicier en aucune manière, vous mandons... que... vous ayez à recevoir le dict La Boétie au serment (2). »

Bergerac), contemporain, il est vrai, de La Boétie, mais qui ne semble pas avoir eu de relations avec lui. Au contraire la maison noble de Longa dont il s'agit est située dans la commune de Saint-Médard, canton de Mussidan, arrondissement de Ribérac (Vicomte de Gourgues, *Dictionnaire topographique du département de la Dordogne*, verbo *Longa*, et aussi *Archives historiques du département de la Gironde*, t. XXIII, p. 266). — Le mérite de cette ingénieuse identification appartient à M. R. Dezeimeris, qui l'a signalée dans son discours déjà cité sur *La Renaissance des lettres à Bordeaux au XVIe siècle*, p. 29.

(1) *Archives départementales de la Gironde*, *Registres du Parlement*, vol. 34, folio 180. — Ces lettres sont mentionnées dans l'ouvrage de M. Théophile Malvezin sur *Michel de Montaigne, son origine et sa famille* (Bordeaux, 1875, in-8°), p. 272.

(2) *Archives départementales*. Reg. du Parlement, vol. 34, fol. 124.

Pour se conformer à des ordres si formels, la Cour l'ad-
mettait donc au serment le 7 mai 1554, quoiqu'il n'eut en
réalité que vingt-trois ans et demi (1). Nous trouvons des
traces de l'accomplissement de cette formalité dans les registres secrets de la Cour. Nous lisons, en effet, dans le
compte-rendu de la séance de ce jour, que les chambres
s'assemblèrent « pour procéder à l'examen des sieurs Pomiers
et La Boétie, lesquels ayant été reconnus idoines et suffi-
sants, furent reçus à prêter serment (2) ».

C'était là une exception flatteuse, sans doute, mais bien
justifiée par les qualités extraordinaires du candidat. Comme
son ami Arnaud de Ferron, qui avait succédé à son père à
vingt-et-un ans seulement, le 10 avril 1536, La Boétie voyait
se lever, devant son talent, les rigueurs de la règle. Tous deux
se montrèrent dignes de la faveur, car l'un et l'autre, par leur
savoir comme par leur probité, honorèrent le Parlement de
Bordeaux, riche pourtant en grands hommes et en grands
souvenirs. D'ailleurs, en pénétrant dans ce corps, si attaché
aux traditions, si jaloux des principes, La Boétie n'y arri-
vait pas comme un étranger. Sa mère, qui était une Calvimont, était la sœur du président de Calvimont (3), et son

(1) Et non le 17 mai 1553, comme l'affirme à tort le d^r Payen. Les
registres secrets indiquent le 7 mai, tandis que le manuscrit nu-
mero 22,367 du fonds français de la Bibliothèque nationale porte le 17.

(2) Registres du Parlement, *ibid.* — Fils du savant président Sauvat
de Pomiers, auquel La Boétie adresse un distique (*Poemata*, fol. 166
r°; Feugère, p. 373), Pierre de Pomiers, sieur du Breuil, devint conseiller par suite de la résignation de son père. N'ayant pas encore
atteint l'âge légal, il obtint, comme La Boétie, des lettres de dispense
datées du 16 avril de la même année (Brives-Cazes, p. 194).

(3) Dans son testament, La Boétie appelle le conseiller Jean de Cal-

propre mariage, dont nous ignorons la date, mais qui ne put être que postérieur à son entrée au Parlement, ne fit que multiplier ces alliances et les rendre plus étroites encore. Probablement peu de temps après avoir été pourvu de sa charge, Estienne de La Boétie épousait Marguerite de Carle, sœur du célèbre Lancelot de Carle, évêque de Riez, et aussi du président Pierre de Carle, qui lui-même avait épousé la sœur d'Arnaud de Ferron (1). Depuis 1552, Marguerite de Carle était veuve de Jean d'Arsac, seigneur d'Arsac, du Castera de Saint-Germain, de Lilhac et de Loyrac en Mé-

vimont, « son cousin, filz légitime et héritier du feu seigneur président de Calvymont » *(Vide infrà.).* Ce lien est confirmé par les registres secrets du Parlement, à la rentrée du 13 novembre 1561. Voir les extraits manuscrits pris par Leydet, Bibliothèque Nationale, *Fonds Périgord*, nº 11, p. 425.

(1) Ce degré de parenté est nettement désigné dans un acte du 9 décembre 1559, par lequel les jurats de Bordeaux, ayant un procès avec un marinier de Toulouse, récusent cinquante-et-un membres du Parlement, qu'ils regardent comme prévenus contr'eux. Dans ce nombre figurent le président de Carle et La Boétie, celui-ci parce qu'il « a espousé la sœur de Monsieur le président de Carle » *(Archives historiques de la Gironde*, t. XIX, p. 470). — Sur Lancelot de Carle, évêque de Riez, l'ami de Ronsard et de toute la Pléiade, je me contenterai de renvoyer à sa vie par Guillaume Colletet, publiée par M. Ph. Tamizey de Larroque, avec des notes comme il sait en faire *(Vie des poètes bordelais et périgourdins*, 1873, in-8º). J'ai moi-même étudié l'helléniste, chez Lancelot de Carle, en éditant sa traduction du premier livre de *Théagène et Chariclée*. Je me bornerai à compléter ce que j'en disais alors par un renseignement qui m'avait échappé et que je trouve dans la belle *Bibliographie hellénique* de M. Emile Legrand (Paris, 1885, 2 vol. in-8º). C'est à Lancelot de Carle que le célèbre Ange Vergèce, dédia son édition du *Pimander* (Paris, 1554, in-4º), dans une épître grecque que M. Legrand a reproduite (T. 1, p. 292).

doc, et qui était issu d'une vieille famille de chevalerie (1).
Dans cette union La Boétie trouva le bonheur domestique,
et plus tard, à son heure dernière, il eut la suprême consolation de s'endormir entre les bras de celle qu'il nommait
alors « sa bien aymée femme et expouse », et qu'il déclarait
avoir rencontrée « si sage, si conforme à ses volontés, et ne
lui ayant commis nulle faute ».

Dès les premiers temps de sa présence au Parlement, La
Boétie se distingue par une conscience scrupuleuse à remplir
les devoirs de sa charge. Les registres nous apprennent
qu'il assistait très régulièrement aux séances, et nous le
voyons successivement siéger aux diverses Chambres. La
Cour lui confie même quelques travaux particuliers. C'est
ainsi qu'il est chargé, le 2 mars 1555, de concert avec son
collègue François de La Guyonnie d'examiner le sieur La-
garde, pourvu de l'office de lieutenant-général à Tulle, et
tous deux concluent à son admission au serment (2). Mais ce
n'étaient là que des fonctions peu importantes. Quels que
fussent son savoir et son intelligence, La Boétie comprenait
que son inexpérience ne pouvait que gagner à garder le silence et à observer. Il se préparait mieux, de cette façon,
au rôle considérable qu'il allait jouer bientôt parmi ses
collègues.

<hr>

(1) Th. Malvezin, *Michel de Montaigne, son origine et sa famille*,
p. 137.

(2) Bibliothèque nationale, *Fonds Périgord*, n° 11, *Extraits manuscrits des Registres du Parlement de Bordeaux.* - Ces extraits, faits
par Leydet au point de vue de l'histoire du Périgord, et légués par
lui au cabinet des manuscrits de la Bibliothèque nationale, nous ont
fourni quelques renseignements curieux.

C'est seulement en 1560 que la personnalité de La Boétie commença à s'affirmer au Parlement de Bordeaux. Au début même de l'année, nous le voyons désigné par la Cour pour des missions délicates. Voici en quelles circonstances. Au Collège de Guyenne, les représentations théâtrales faisaient, pour ainsi dire, partie intégrante des programmes d'éducation (1). Une lettre de Britannus nous apprend qu'à l'origine de ce célèbre établissement les élèves organisaient déjà des représentations, dont le succès n'était pas toujours assuré. Sous la direction de Gouvéa, qui recherchait tous les moyens de rendre plus prospère encore la maison confiée à ses soins, ce goût ne fit qu'augmenter, et le Collège de Guyenne acquit, à ce point de vue, une grande réputation. Montaigne, qui y joua, l'atteste, et nous possédons les tragédies que les professeurs, Muret, Buchanan, composaient à cette intention. Mais les désordres avaient fini par se mêler à ces amusements. En avril 1556, à la suite d'abus devenus de jour en jour plus graves, le Parlement avait dû défendre à tous bateleurs, enfants sans souci et autres joueurs de farces, de représenter aucunes pièces « concernant la religion ou foi chrétienne, la vénération des saints et les saintes institutions de l'Église (2) ». En 1558, à la suite de nouveaux troubles survenus dans le Collège de Guyenne même, la Cour étendit sa censure à cet établissement, et décida qu'à l'avenir on n'y représenterait aucune

(1) Cf. E. Gaullieur, *Histoire du collège de Guyenne*, p. 256, et aussi *Histoire de la Réformation à Bordeaux et dans le ressort du Parlement de Guyenne*, t. 1, p. 251.

(2) *Archives historiques de la Gironde*, t. III, p. 466.

pièce qui ne lui eût été soumise auparavant. C'est pour ce
motif, qu'en 1560, Jean Denisers, régent des *primani* ou
professeur de rhétorique, voulant faire représenter trois
pièces de sa composition, c'est-à-dire une comédie allégo-
rique, intitulée : *Regnorum integritas concordia retinetur*,
puis, une moralité, en français, inspirée sans doute du
Plutus d'Aristophane, enfin, une farce, qui devait terminer
le spectacle, dût demander au préalable l'assentiment de
la Cour. Le Parlement rendit un arrêt, le 3 février 1560,
autorisant la représentation, et cela sur « le rapport de
Mᵉ Estienne de La Boétie, conseiller commis pour veoir
les dites comédie, moralité et farce, qui auroit dit n'y avoir
trouvé aucunes choses scandaleuses (1) ». Le juge, on en
conviendra, était on ne peut mieux choisi à tous égards. La
représentation eut lieu et elle fut couronnée, paraît-il, d'un
si plein succès, qu'il excita la jalousie des clercs de la
Basoche.

Dès lors les nouvelles missions se succédèrent rapidement,
et, en se succédant, elles ne firent qu'augmenter d'importance.
Dans ces temps de troubles perpétuels, les gages des membres du Parlement étaient toujours en retard, et, parfois,
l'arriéré considérable comprenait plusieurs années. Pour
faire cesser ce déplorable état de choses, La Boétie fut
chargé, à la fin de cette même année 1560, d'aller solliciter
du roi un mode désormais assuré de paiement des gages de

---

(1) Cette intéressante décision a été publiée, avec des notes explica-
tives, par les soins de M. le conseiller E. Brives-Cazes, dans le
tome III sus-mentionné des *Archives historiques de la Gironde*, p. 465.

la magistrature (1). Il partit donc avec le greffier Jacques de Pontac, qui lui avait été adjoint pour cela, et tous deux se rendirent à Paris.

Sur ces entrefaites, survint la mort du roi François II (5 décembre 1560). La nouvelle du trépas royal ne parvint à Bordeaux que le 13 suivant, en même temps que la lettre par laquelle le nouveau roi, Charles IX, annonçait au Parlement son avènement à la couronne. On fit la lecture de cette missive en grande solennité, au milieu des chambres assemblées. En notifiant son arrivée au trône, le jeune prince recommandait aux membres du Parlement et aux Jurats de « faire vivre en paix la population bordelaise, évitant avec soin les occasions de querelles pour le fait de la religion (2)». La Cour ordonna ensuite des prières publiques, puis elle députa les présidents Lancelot de Fauguerolles et Fronton de Bérauld, Léonard d'Alesmes et Jacques Robert de Lineyrac, présidents èz-enquêtes, et Antoine de Lescure, procureur-général, pour aller à Paris faire la révérence à sa majesté et lui prêter le serment de fidélité accoutumé. En outre, elle décidait que le conseiller La Boétie et le greffier Pontac, qui se trouvaient déjà dans la capitale, se joindraient à cette députation spéciale (3).

La Boétie ne revint à Bordeaux qu'au mois de mars de l'année suivante. Retardées par tous ces événements,

(1) Boscheron des Portes, *Histoire du Parlement de Bordeaux*, t. I, p. 119.

(2) Jean de Gaufreteau, *Chronique bourdeloise*, t. I, p. 94.

(3). Bibliothèque publique de Bordeaux. Registres secrets, ms. 367, f° 112. Cité dans Boscheron des Portes, t. I, p. 162 et dans Gaullieur, *Histoire de la Réformation à Bordeaux*, t. I, p. 224.

les négociations avaient été longues et laborieuses. Le 26 mars 1561, il rend compte à ses collègues de la poursuite et diligence faite par lui auprès du roi et des seigneurs de son conseil privé. Il annonce que le roi, par lettres-patentes signées à Pontoise le 4 mars 1561, a donné assignation perpétuelle sur la recette générale d'Agen, pour les gages de la Cour à partir du 1ᵉʳ janvier de ladite année (1). Il rapporte, en outre, les sages paroles que le Chancelier lui a dites, lorsqu'il en prenait congé.

En partant, Michel de L'Hospital le chargeait de ses recommandations pour la Cour. Chancelier de France depuis l'année précédente (mars 1560), L'Hospital avait inauguré, deux mois à peine après son arrivée au pouvoir, la politique de tolérance qu'il pratiqua toujours. Mais le Parlement de Bordeaux avait fait, au début, quelque opposition à cette nouvelle impulsion. Lors de la publication de l'édit de Romorantin (mai 1560), la Cour s'était tout d'abord refusée à l'enregistrer. Elle transmit au roi François II des remontrances que celui-ci n'écouta point. Afin d'éviter un semblable retard aux ordonnances d'Orléans, qui confirmaient et élargissaient l'édit de Romorantin, le Chancelier les fit suivre de prudents conseils, comme il savait en donner à l'occasion. Il profita d'un intermédiaire tel que La Boétie pour faire savoir comment il en fallait conduire l'exécution. « Elle demeure toute entière en la direction et sagesse de la Cour, disait L'Hospital, laquelle doit bien aviser de ne point irriter le mal par la rigueur, ni aussi de l'augmenter

(1) Bibliothèque nationale, *Fonds Périgord*, nº 11. Extraits manuscrits des registres secrets du Parlement de Bordeaux.

par la licence (1) ». Profondes paroles qui semblaient plus judicieuses encore répétées par le jeune conseiller !

Après de telles assurances, on eut pu croire la question des honoraires définitivement tranchée pour l'avenir. Par malheur, à cette époque d'agitations continuelles, les meilleures mesures ne demeuraient pas longtemps en pratique, et les difficultés ne tardèrent pas à venir d'autres côtés. Trois mois après le retour de La Boétie, le Parlement était obligé de députer de nouveau à Paris le conseiller François de Baulon (1ᵉʳ juillet 1561), auquel il adjoignit bientôt (23 août) Antoine de Lescure, procureur-général. « Madame jà çoit, disaient en effet les lettres dont ils étaient porteurs pour la régente (2), que du temps des feuz roys il nous soit deub beaucoup de nos gaiges et que nous en ayons eu du Roy par vostre moien puis naguères une assignation perpétuelle à l'advenir, toutesfois par le moien des receveurs et trésoriers elle nous a esté inutille. A ceste cause nous vous supplions (continuant la bonne affection qu'il vous a pleu jusques à présent nous porter), et veu le besoing et nécessité qu'en avons, vouloir ordonner que nostre dicte assignation porte effect et soions paiés à l'advenir de nosdits gaiges sans interruption ».

Catherine de Médicis fait d'abord la sourde oreille. Mais l'arriéré augmente et le Parlement persiste dans ses revendications. La reine alors se fâche de cette insistance. « Suivant

(1) *Ibid.*, fᵒ 417.
(2) Lettre du Parlement de Bordeaux à Catherine de Médicis. Bibliothèque nationale, *Fonds français*, nᵒ 15,875, p. 3. Publiée par M. Tamizey de Larroque, dans les *Archives historiques de la Gironde*, t. XIII, p. 159.

vostre avis, écrit-elle à M. de Gonnor, le 16 janvier 1563 (1), je n'ay point ouy parler que la court du parlement de Bourdeaux vueille commander aux finances du Roy monsieur mon fils, soyt pour le retranchement de leurs gaiges ou pour autres occasions; et s'ilz ont depputé quelqu'un qui vienne à m'en parler, asseurez-vous que je luy en respondray avec tel langaige que luy sera bien aysé de connoistre que je n'y auray prins grand plaisir, et que je ne suys pour leur lascher chose qui appartienne à l'authorité du Roy mondict sieur et fils ». La réponse était péremptoire : aussi le Parlement se le tint-il pour dit.

Quelques mois seulement après son retour de Paris, La Boétie allait lui-même être appelé à mettre en pratique les sages conseils de L'Hospital. La Guyenne était, sans nul doute, la partie du royaume dans laquelle les réformateurs avaient fait le plus grand nombre de prosélytes et ils comptaient beaucoup sur ces fervents adeptes. Mais, au centre de la Guyenne, l'Agénois se faisait remarquer encore par l'effervescence des passions religieuses. C'est dans cette place forte de la Réforme que La Boétie dut se rendre, amené par des circonstances trop graves pour ne pas les raconter ici aussi longuement qu'elles le méritent.

Ces désordres duraient depuis longtemps et augmentaient chaque jour d'intensité. Déjà, le 18 janvier 1561, le greffier Pontac avait averti la reine-mère, au nom du Parlement, des troubles qui se fomentaient un peu partout dans le res-

---

(1) *Lettres de Catherine de Médicis*, publiées par le comte Hector de la Ferrière (dans la collection des *Documents inédits sur l'histoire de France*, t. I, p. 478).

sort de la Cour, et principalement en Agénois (1). La lettre, trop exagérée, recommandait l'emploi des moyens extrèmes à l'égard des turbulents. Mais Catherine, sous l'influence de L'Hospital, penchait alors vers la conciliation. « Ceulx d'Agen continuent tousjours de faire les folz, écrit-elle le 20 mai à M. de Burie, qui occupait à cette époque le poste de lieutenant du roi à Bordeaux, et qui se faisait remarquer par la modération de ses idées, et pour ceste cause, puisque leur sénéchal ne peut y aller pour la charge qu'il a, il sera bon, n'estant loing de là, que vous y faciez ung tour, car vostre présence y servira grandement et vous leur sçaurez aussi trop mieulx faire entendre ce qu'ilz auront à faire que autre qui y puisse aller (2) ». Suivant ces instructions, Burie s'y rendit donc sans retard. En arrivant, le lieutenant du roi trouvait les esprits fort échauffés et le nombre des mécontents était étrangement augmenté. Chacun, il est vrai, se disait le fidèle serviteur du roi, mais aussi chacun réclamait la faculté de pouvoir agir selon sa propre volonté (3). Pourtant, grâce au sens politique et aux habiles concessions de Burie, le soulèvement n'eut pas les suites fâcheuses qu'on aurait pu redouter.

En présence de la tournure favorable que prenaient les évènements, Burie crut qu'il était inutile de demeurer plus longtemps à Agen. A peine avait-il quitté cette ville, que les dissenssions religieuses y recommençaient avec autant de vigueur et que les réformés, non contents des locaux qu'il

---

(1) *Archives historiques de la Gironde*, t. XIII, p. 147.
(2) *Lettres de Catherine de Médicis*, t. 1, p. 196.
(3) *Archives historiques de la Gironde*, t. XIII, p. 151.

leur avait assignés pour leurs réunions (1), s'emparaient du couvent des Jacobins, « tant pour y prescher que pour y loger des ministres ». L'autel et les statues en furent brisés. De plus, à cette cause de troubles, vinrent s'ajouter d'autres motifs de discordes. Partout où les catholiques étaient les plus puissants, à Libos, à Tournon, ils faisaient subir à leurs adversaires des vexations que ceux-ci s'empressaient de leur rendre, lorsqu'ils étaient en force. A Condom, à Penne, à Villeneuve d'Agen, les huguenots avaient chassé les moines, brisé les autels et jeté au feu les reliques des saints.

Le bruit de ces nouveaux excès parvint aux oreilles du roi. Charles IX était fort irrité de ces désordres, « en cette saison où il semble que plusieurs abusent de la doulceur et clémence dont elle (sa majesté) a uzé depuis son avènement à la couronne, ont prins une licence si affreuse qu'elle ne promect rien moings qu'une subversion en toutes choses, si elle estoit plus longtemps tollérée (2) ». Aussi s'empressa-t-il de confirmer les instructions qu'il avait précédemment envoyées à Burie, le 9 juillet de la même année, par l'entremise du capitaine Arne, guidon de la compagnie du roi de Navarre, et ordonna-t-il à son lieutenant, dans des lettres datées de Saint-Germain-en-Laye, le 4 septembre 1561, de se rendre au plus vite en Agénois, pour y achever la pacification des esprits.

Cette missive est longue et détaillée : elle retrace le plan complet de la conduite à tenir. « Je n'oy tous les jours, disait

---

(1) Burie les autorisait à se réunir au petit temple de Saint-Fiari, à la condition d'être paisibles (E. Gaullieur, *op. cit.*, t. I, p. 273).

(2) Bibliothèque Nationale, *Fonds français*, n° 15,875, f° 3.

le roi (1), aultres nouvelles que des insolences, excès, scandalles, ports d'armes et émotions qui se font ordinairement
en une infinité de lieulx de mon pays de Guyenne, par des
gens qui n'ont nulle religion, au moings les actes le démon-
trent. Et pour ceste cause, d'autant que cela en quelque sorte
que ce soyt est contraire à la religion, et qu'il est croyable
que tels malheureulx seront desadvouez par tous les gens de
bien, de quelque religion qu'ilz soyent, j'ay advizé avant que
le mal passe plus oultre d'y pourvoir et remédier, en faisant
chastier ceulx qui sont autheurs de tels maléfices ». Pour
cela, le roi autorisait M. de Burie d'assembler sous ses
ordres les compagnies de gens d'armes du pays de Guyenne
et de lever trente arquebusiers à cheval, dont le comman-
dement serait confié à quelque gentilhomme de bien. Le roi
envoyait les appointements nécessaires à ces trente hommes
pour subsister pendant deux mois et aussi l'argent indis-
pensable à ces nouvelles démarches. De plus, il adressait à
Burie une douzaine de lettres en blanc, tant pour les baillis
et sénéchaux des villes où il devait passer, que pour les
membres de la noblesse qui pouvaient prêter main-forte
dans cette délicate entreprise.

La partie la plus intéressante de la lettre est, sans contredit,
celle dans laquelle Charles IX expose comment il veut que
ses ordres soient exécutés. « Vous ferez bien entendre aux
principaulx, disait-il en terminant, que vous ne venez point
là pour les chastier pour le fait de la religion qu'ilz tiennent,
que vous n'estes envoyé et n'avez commission de moy que
de pugnir ceulx qui abusent du nom de la religion à une

(1) *Ibid.*, f° 207.

infinité de scandalles, violences, meurtres et séditions, qui ne sentent rien moings que la profession qu'ilz font et le nom de chrestien qu'ilz portent. Lesquelz font tant de tort à leur réputation et à leur cause qu'ilz debvroient par tous moyens tascher et procurer d'exterminer telles gens d'entre eulx qui ne servent que d'aigrir et moy et tout mon conseil et tout mon royaume, contre eulx et ceulx qui les favorisent. Et pour ceste cause qu'ilz demeurent en paix et vous aydent et assistent, comme ilz ont offert, à laisser pugnir telz séditieulx qui se couvrent d'eulx et de leur faveur à toute impiété et scandalle, estans certains et asseurez que pour leur religion vous ne les molesterez ny travaillerez aulcunement, pourveu aussy que de leur part ilz se comportent avec tant de modestie et discrétion qu'ilz ne vous donnent occasion de changer de délibération ».

La politique était habile sinon très-sincère. Pour qu'elle eut quelque chance de succès, il fallait la faire mettre en pratique par des intermédiaires libéraux et de bonne foi. Là est le vrai motif du choix de Burie et de La Boétie.

Le 23 septembre, Burie vint lire au Parlement les lettres qu'il avait reçues de Charles IX. Les registres secrets font mention de cette cérémonie, et ils ajoutent, qu'après cette lecture, Burie supplia la Cour de ne trouver mauvais si, pour le service du roi, il menait avec lui au pays d'Agénois Mᵉ Estienne de La Boétie, conseiller du roi en la dite cour. « A quoy luy a esté respondeu qu'il pouvoit prendre pour le service du Roy, non seulement le dict La Boétie, mais tel autre de la dicte cour qu'il advizera (1) ».

(1) Bibliothèque Nationale, *Fonds Périgord*, nᵒ 11, p. 422; —

Au reste, en faisant cette demande, Burie se conformait strictement aux ordres du souverain. En effet, le lendemain, 24 septembre 1561, on lut une nouvelle lettre de sa majesté, adressée à la Cour, par laquelle le roi donnait avis qu'il envoyait M. de Burie en quelques lieux de la Guyenne, pour réprimer l'audace et insolence d'aucuns de ses sujets. En conséquence, comme il lui est besoin de quelque homme de justice pour le conseiller et faire son procès-verbal, le roi mandait à son Parlement d'avoir à commettre et député quelqu'un de son corps pour cet effet, auquel il fera taxer ses journées (1).

Dans cette même séance, La Boétie, que la Cour avait désigné la veille, à la demande de Burie, vint prendre congé de ses collègues. Il leur dit, que, puisqu'ils avaient bien voulu l'y autoriser, il se proposait de partir en Agénois en compagnie du lieutenant-général, et leur demanda s'ils n'avaient point autre chose à lui commander. La réponse fut négative et le jeune homme se retira. C'était là une mission délicate, pour laquelle La Boétie semblait désigné par ses travaux et par la modération de ses idées. Elle devait demander un temps assez considérable, car, peu après, nous voyons le greffier, Jean de Pontac, solliciter de la Cour, de la part de Burie, une prolongation de congé pour son compagnon, « parce qu'il s'en veut servir, non pour le mener aux champs, ains pour le retenir près de luy, *en*

Bibliothèque publique de Bordeaux, ms. 367, f⁰ 124 et 125, mentionné par Gaullieur, *op. cit.*, t. I, p. 301.

(1) *Ibid.*

ayant à faire à toute heure; ce que la cour lui accorda (1) ». Voyons maintenant comment La Boétie justifia la confiance de Burie et celle du Parlement.

De Bordeaux, Burie et La Boétie remontèrent le cours de la Garonne jusqu'à Langon. En passant à Cadillac, ils mandèrent les officiers de M. de Candalle avec les jurats de Cadillac et firent déposer toutes les armes à la maison commune, ce qui eut lieu aussi à Langon et à Saint-Macaire. De Langon, Burie gagna Bazas. C'est là qu'il apprit la prise du couvent des Jacobins par les huguenots et que le ministre d'Agen, celui de Villeneuve et quelques gentilshommes réformés vinrent lui faire soumission et promettre fidélité au roi. Il en fut de même, suivant de Bèze, de commissaires envoyés de Nérac.

Dès cette première étape, Burie écrivit au roi pour lui dire comment les choses s'étaient passées. C'est de sa lettre, jusqu'à maintenant inédite, que nous tirons les renseignements qui précèdent. Nous y trouvons encore un passage flatteur pour le conseiller qui l'accompagnait. « J'ay aussy receu, Sire, disait Burie, la lettre qu'il vous a pleu escrire à vostre cour de parlement, à laquelle je la baillay, premier que partir. Et ay icy avec moy le conseiller qu'elle m'a baillé, qui se nomme Monsieur de La Boytye, lequel est fort docte et homme de bien (2) ». Comme on le voit, le lieutenant général savait apprécier les qualités morales de celui qui devait le seconder dans sa tâche.

(1) *Ibid.*

(2) Bibliothèque Nationale, *Fonds français*, nᵒ 15,875, fᵒ 190.

Burie se proposait d'aller de Bazas à Monségur et à La Réole; sans doute ce projet fut mis à exécution. Les deux compagnons gagnèrent assurément Marmande et ensuite Agen, où ils firent leur entrée le 3 octobre, escortés du prévôt général de Guyenne, Des Fourneaux. Là, nous l'avons déjà dit, la situation était fort tendue. Dès son arrivée, Burie remet aux consuls les lettres dont Charles IX l'avait muni au préalable. Elles étaient pressantes et contri-buèrent à faciliter l'accomplissement de cette entreprise (1). Le roi disait : « Nous vous prions et néantmoingz ordonnons que vous ayez à assister au dict sieur de Burye, afin de luy ayder et donner le moyen de savoir les noms de ceulx que vous avez entendeu en estre auteurs et motifs, afin de les faire prendre et que justice exemplaire en soyt faicte, telle que la grandeur du cas le requiert; à quoy vous ne ferez faulte, car tel est nostre bon plaisir ».

Aussitôt arrivé, Burie assemble encore la noblesse de l'Agénois dans la grand'salle de l'évêché, et on lui expose les principales questions religieuses, parmi lesquelles la prise du couvent des Jacobins occupait le premier rang. Burie, paraît-il, ne tenait pas outre mesure à réintégrer les moines dans leur ancienne retraite. C'est La Boétie qui le détermina à cela, convaincu lui-même par les instances du sénéchal Bajaumont (2). « Cependant, dit de Bèze, qui

(1) Francisque Habasque, *Un magistrat au XVIe siècle, Estienne de La Boétie* (Discours de rentrée prononcé à l'audience solennelle de la Cour d'Agen, le 3 novembre 1876), p. 5o.

(2) De Bèze, et, après lui, M. E. Gaullieur appellent à tort ce sénéchal Béjaumont.

raconte en détail toute cette période, Béjaumont et les autres firent tant envers La Boétie, conseiller, combien qu'il ne se souciast pas beaucoup de la religion romaine, qu'il prit la cause des Jacopins en main à bon escient, alléguant à Burie, entre autres inconvéniens, que ceux de la Religion avaient le bruit de faire plusieurs monopoles, et de se vouloir cantonner : à quoy leur pourroit grandement ayder ce couvent respondant hors la ville, et situé en lieu fort et de défense (1) ». Bèze ajoute que Burie fut « tellement persuadé par La Boétie, que le dixiesme du dict mois d'octobre, il remit les Jacopins tant en leurs temples qu'en leur couvent, où ils commencèrent incontinent leur service (2) ».

La mesure, au demeurant, n'avait rien de vexatoire : elle ne faisait que restituer aux religieux une propriété, dont ils avaient été indûment chassés, et La Boétie, s'il l'a provoquée, rendait un arrêt digne en tous points de sa conscience de jurisconsulte. D'ailleurs, comme compensation, Burie donna aux huguenots l'autorisation de célébrer leur liturgie dans l'église Sainte-Foy d'Agen. Mais, en même temps, il faisait défense formelle aux réformés de s'emparer, sous peine de la hart, des édifices catholiques, et de plus, concession vraiment remarquable pour le temps, et à laquelle

(1) Théodore de Bèze, *Histoire ecclésiastique des églises réformées au Royaume de France*, Anvers (Genève), 158o, t. I, pp. 795-799. M. Gaullieur reproduit de Bèze en l'arrangeant et l'arrange mal. Il dit qu'on accusait alors les huguenots de « vouloir se constituer en cantons à l'instar de la Suisse ! » (E. Gaullieur, *op. cit.*, t. I, p. 3o7).

(2) A propos de la rentrée des moines, de Bèze raconte une anecdote qui sent plutôt le pamphlétaire que l'historien.

La Boétie ne dut pas rester étranger, il décida que, dans les localités où se trouvaient deux églises, la moins importante d'entre elles appartiendrait aux réformés, et que, dans les bourgs où il n'y avait qu'un temple, celui-ci servirait alternativement aux deux cultes.

Cette décision était trop libérale pour le XVIe siècle, siècle de lutte et d'antagonisme, durant lequel les partis en présence cherchaient à s'anéantir mutuellement. Fut-elle jamais appliquée ? En tous cas, on ne l'observa pas longtemps. A peine Burie avait-il quitté Agen pour continuer ailleurs sa mission pacificatrice (1), que les dissensions recommencèrent, d'abord timides, de jour en jour plus ardentes. Celui-ci, pour éviter les désordres à l'avenir, décida, comme il l'avait fait partout auparavant, que les gens seraient désarmés et que les armes seraient déposées à la mairie. Vingt-quatre hommes de bien étaient, en outre, chargés « de tenir la main forte à la justice et faire entretenir les ordonnances du roy et du dit sieur de Burie (2) ». Mais le choix de ces vingt-quatre personnes de bonne volonté présenta bien des difficultés. La Jurade discuta longtemps pour savoir, si, dans ce nombre, devaient être compris

(1) Le 13 octobre 1561, Raymond Eyquem de Montaigne, sieur de Bussaguet, qui avait avec Burie d'étroites relations d'amitié, et qui avait été lui aussi, en juin 1560, chargé d'aller prêcher la conciliation en Agénois, en compagnie de Burie et de l'avocat du roi Bernard de Lahet, rend compte au Parlement que Burie lui a envoyé sa relation de la pacification de l'Agénois, pour la communiquer à ses collègues et ensuite la faire parvenir au roi (Bibliothèque Nationale, *Fonds Périgord*, n° 11, p. 425).

(2) F. Habasque, *Estienne de La Boétie*, p. 53.

douze partisans de l'église réformée, et ce fut là le premier ferment de nouvelles discordes, qui devaient, en fin de compte, aboutir aux arquebusades de Monluc.

On en était alors aux derniers jours de 1561. A cette époque, Catherine de Médicis cherchait, sous l'influence de L'Hospital, à réunir une nouvelle conférence à Saint-Germain-en-Laye, pour applanir les difficultés surgissant sans cesse entre les catholiques et les huguenots, et essayer ainsi de les rendre impossibles. Convaincu que la modération pourrait seule avoir raison des fléaux religieux qui se déchaînaient sur la France, et poursuivant sans relâche la politique libérale qu'il s'était tracée en arrivant au pouvoir, le Chancelier voulait faire rapporter l'Édit de Juillet, voté par le Parlement de Paris, grâce aux Guise, à la mince majorité de trois voix, en juillet précédent. Cet édit défendait les prêches et les assemblées étrangères au culte catholique, sous peine d'emprisonnement et de la confiscation des biens, rigueurs intempestives qui, selon L'Hospital, ne faisaient qu'aggraver le mal. Déjà, une première fois, en septembre 1561, on avait essayé de réunir les évêques catholiques et les principaux ministres protestants, dans le vieux couvent des Dominicains de Poissy, pour établir, par des concessions mutuelles, un *modus vivendi* entre les deux religions opposées. Mais les discussions avaient été à la fois si puériles et si acharnées, qu'une entente était irréalisable de ce côté là. Dans cet état de choses, la reine crut que la magistrature du royaume trouverait plus aisément un remède à ces calamités. Elle convoqua donc en conseil privé, à Saint-Germain-en-Laye, les

présidents et les plus influents conseillers des huit Parlements
du royaume, et les séances du conciliabule furent ouvertes,
le 3 janvier 1562, par L'Hospital, qui exposa dans un
langage élevé ses sages desseins à cet endroit. De ces discussions sortit le célèbre Édit de Janvier, que le roi signa
le 17. Ce document important, qu'un moderne historien
protestant considère comme l'édit le plus libéral que ses
coreligionnaires aient obtenu jusqu'à l'Édit de Nantes,
reprenait aux réformés les églises dont ils s'étaient emparés,
mais leur reconnaissait le droit de s'assembler sous certaines
conditions.

Le Parlement de Bordeaux avait été représenté à Saint-
Germain par son premier-président, l'intègre Benoit de
Lagebaston, Arnauld de Ferron et le procureur-général
Lescure. Celu'-ci, en rentrant à Bordeaux, rapportait le
texte de l'édit, dont la Cour s'empressa de prendre connaissance. Le Parlement de Paris, au contraire, au sein
duquel l'influence des Guise était prépondérante, en refusa
l vérification, demandée par le roi de Navarre, et ordonna
même des poursuites contre le libraire Langelier, qui avait
imprimé l'édit à vingt exemplaires seulement. Catherine
dut intervenir, pour le faire enregistrer, et la Cour ne se
soumit qu'après deux lettres de jussion. Mais le Parlement
de Bordeaux, plus tolérant ou mieux avisé, enregistra l'édit
sans retard. Le 30, on le publiait en présence des jurats et
du lieutenant du grand sénéchal, et, le 6 février suivant,
lecture en était faite, à son de trompe, parmi les carrefours
de la ville (1).

(1) Théodore de Bèze, *Histoire des églises réformées*, t. I, p. 789;
— E. Gaullieur, *op. cit.*, t. I, p. 344,

5.

C'eût été là une mesure d'une saine et judicieuse politique, si la mauvaise volonté persistante des partis ne l'avait pas rendue bientôt inutile. A Bordeaux, où l'on avait eu beaucoup à souffrir de toutes ces querelles, on se hâta de profiter de cette paix relative. Les huguenots installèrent bien vite un prêche au quai des Chartreux, dans un chai, et peu après ils prêchèrent officiellement à Cambes et à Beautiran, aux portes mêmes de la ville (1).

Nous savons par Montaigne que La Boétie voulut donner son jugement sur la tolérance de L'Hospital et de la reine-mère. Au témoignage de son ami, il avait composé « quelques memoires de nos troubles sur l'Edict de janvier 1561 ». Par malheur, ce sentiment ne nous est point parvenu, car Montaigne trouva à ces réflexions, ainsi qu'au *Discours de la Servitude volontaire*, « la façon trop délicate et mignarde pour les abandonner au grossier et pesant air d'une si malplaisante saison ». Montaigne s'exprimait ainsi en 1570 (2), et la manière dont les protestants publièrent, peu après, des fragments du *Contr'un* dans le *Réveille-matin des François* lui montra qu'il avait vu juste. Les temps n'étaient pas faits pour comprendre et apprécier les sentiments libéraux. A part quelques hommes d'élite, L'Hospital, Montaigne, La Boétie et un petit groupe d'esprits élevés, nul ne se souciait des droits de la conscience. L'Edit de Janvier lui-même, sous ses apparences de modération, n'était, de la part de la reine, qu'une habile manœuvre. Catherine s'en explique assez clairement, dans sa corres-

<hr>

(1) Jean de Gaufreteau, *Chronique bourdeloise*, t. I, p. 98.
(2) Dans l'avertissement au lecteur qu'il plaçait en tête du recueil des œuvres de son ami.

pondance avec ses ambassadeurs. Si elle tentait d'employer la douceur, après tant d'autres moyens essayés sans succès jusque là, c'était « pour cuyder vaincre la maladie par gratieux remèdes ». Plus reine que catholique, Catherine faisait passer la raison d'état avant la religion. Sa condescendance envers les hérétiques était intéressée : elle les supportait parce qu'elle croyait que la violence les rendait moins traitables, et qu'elle ne se sentait pas assez forte pour leur imposer le respect de son autorité absolue.

Quoique nous ne connaissions point l'œuvre de La Boétie, nous pouvons affirmer que sa tolérance avait des motifs différents(1). Nous savons ce qu'il pensait de la Réforme, et suppléons ainsi, dans une certaine mesure, à l'ouvrage perdu. En quelques endroits de ses poésies latines, La Boétie a laissé entrevoir sa pensée sur ce sujet, et il s'en est expliqué formellement à son lit de mort. A son sens, les vices des prélats avaient besoin d'une grande correction, et le cours du temps apportait bien des imperfections dans l'Eglise. Mais aussi il ne pouvait contempler sans tristesse les ruines, dont les dissensions religieuses couvrirent le royaume, et il croyait, en mourant, qu'elles feraient de bien plus grands ravages encore. Exacte prophétie, que les années, hélas! vérifièrent trop! S'il ne voulait pas que l'on fit quoi que ce soit contre sa conscience, il exigeait en revanche que chacun obéit aux lois du pays qui lui avait donné le jour. Ne sont-ce pas là les deux principes fonda-

---

(1) Ce précieux travail a été recherché, un peu partout, dans les principaux cabinets de manuscrits, sans succès, avec le soin et la persévérance qu'on peut attendre d'un érudit aussi zélé que M. Tamizey de Larroque. Voir ci-dessous APPENDICE III.

mentaux de toute sage politique? De leur observation simultanée, dans un état, naît naturellement cette tolérance, qui
fait les nations vraiment prospères, et que l'âme de La
Boétie était assez haute pour entrevoir et pour souhaiter.

A Bordeaux, comme ailleurs, l'entente entre les huguenots et les catholiques ne pouvait être de longue durée.
D'abord, Burie, avec son amour de la justice et son grand
sens pratique, cherche à rendre les compétitions le plus
pacifiques qu'il peut. Mais les massacres et les représailles
ne tardèrent pas à recommencer avec plus de violence que
jamais. Le Parlement reprend, à l'endroit des réformés,
sa sévérité d'autrefois, et alors s'ouvre à nouveau l'ère des
persécutions et des vengeances.

Nous ne voyons plus qu'une fois La Boétie essayant de
réprimer et d'arrêter la révolte des huguenots. C'était en décembre 1562. Les réformés conduits par Armand de Clermont
et par ses lieutenants avaient pris Bergerac et semé l'effroi dans
toute la contrée environnante. Le Parlement voyant l'effervescence gagner de proche en proche, et redoutant un semblable
coup de main contre la ville de Bordeaux elle-même, décida
l'enrôlement de douze cents hommes « pour tenir la ville
en plus grande asseurance » (10 décembre 1562). Douze conseillers furent désignés et chacun d'eux prit le commande-
ment de cent soldats, au préalable enrôlés et équipés par
eux, de concert avec les jurats. Chaque compagnie de cent
hommes était elle-même subdivisée en quatre fractions de
vingt-cinq hommes, placés sous les ordres directs d'un
officier. Au nombre des conseillers chargés de ce périlleux
devoir, figure le nom d'Estienne de La Boétie, car la cour

savait qu'elle pouvait compter sur son amour de la justice et sur son énergie à la faire respecter (1).

Ce fut là le dernier acte de la vie publique du jeune conseiller, dont le souvenir ait remonté jusqu'à nous. Le 2 juin 1563, deux mois et demi seulement avant sa mort, nous voyons encore Estienne de La Boétie servir de témoin au testament de Raymond Eyquem, seigneur de Bussaguet et oncle de Michel de Montaigne, qui y signe avec lui (2). Le 8 août suivant, il ressentait, « jouant en pourpoint soubs une robbe de soye avec Monsieur d'Escars, » les premières attaques du mal qui devait l'emporter. « C'estoit un flux de ventre avec des tranchées », avant-coureurs d'une dyssenterie, qui devait s'aggraver rapidement. On croit assez généralement que c'étaient là les symptômes de la peste qui sévissait si fréquemment alors. Justement il y en avait quelques cas dans le voisinage de La Boétie, et Montaigne supposa que son ami en avait rapporté le germe du Périgord et de l'Agénois, où il était allé récemment « et où il avoit laissé tout empesté (3) ».

Cependant La Boétie voulut partir le lendemain pour aller se reposer en Médoc ; là se trouvaient les terres de sa femme

(1) E. Gaullieur, *Histoire de la Réformation à Bordeaux*, t. I, p. 519.

(2) Théophile Malvezin, *Michel de Montaigne, son origine et sa famille*, p. 286.

(3) Tous les détails que nous donnons sont tirés, — est-il besoin de le dire ? — de l'admirable lettre que Montaigne écrivit à son père sur le trépas et les derniers moments de son ami. Cette lettre a été étudiée, au point de vue exclusivement médical, par M. Jules Drouet, sous ce titre *Quelques détails sur la mort d'Etienne de La Boétie*, dans l'*Union médicale* du jeudi 17 août 1865.

et il pensait que l'air pur des champs ne ferait que hâter son
rétablissement. Mais les douleurs étaient trop fortes : il ne
put, ce premier jour, qu'aller jusqu'à Germignan, petit
village de la paroisse du Taillan, à quelques kilomètres
seulement de Bordeaux, et dût s'arrêter au logis de Richard
de Lestonnac, son collègue au Parlement et le beau-frère de
Michel de Montaigne. C'était là qu'il devait mourir. Le mal
s'était subitement aggravé et il lui était maintenant impossible de quitter cet endroit. « Son flux de sang et ses tranchées qui l'affoiblissoient encore plus, croissoient d'heure à
autre », et, il fut pris d'une grande défaillance, suivie d'une
syncope prolongée. Tout espoir de guérison l'abandonna
alors. Il cessa de s'abuser sur son état présent et en consi-
déra l'issue avec courage. Le samedi 14 août, il fit son
testament et mit en ordre la dévolution de ses biens, pour
ne s'occuper plus que des affaires de sa conscience et philo-
sopher jusqu'au dernier moment (1). Il n'eut garde d'y
manquer. Il vit approcher la mort sans peur comme sans
forfanterie, l'attendant ainsi qu'il le disait « gaillard et de
pié coy », et devisa avec tous jusqu'à la fin. Montaigne nous
a conservé l'écho ému de ces suprêmes entretiens. Ce fut
vraiment le langage d'un philosophe, le sacrifice héroïque

(1) « Il dicta si viste son testament, qu'on estoit bien empesché de
le suyvre. », dit Montaigne. — Montaigne se trompe en donnant à ce
testament la date du dimanche 15 août : c'est le samedi 14 qu'il fut
confectionné, ainsi qu'on peut s'en convaincre en le consultant à
l'appendice, où nous l'avons intégralement reproduit. Mais il ne faut
pas s'étonner outre mesure de cette légère erreur, car Montaigne,
comme il prend soin de nous en prévenir, avait « la mémoire fort
courte et débauchée encore par le trouble que son esprit auoit à
souffrir d'une si lourde perte et si importante ».

d'une vie prématurément tranchée, et qu'il sentait pourtant devoir être un jour utile à la chose publique. Puis, le 18 août, le mercredi vers les trois heures du matin, il expira avec la sereine tranquillité d'une âme qui ne faillit jamais à son devoir. Ses parents et ses meilleurs amis se pressaient autour de la funèbre couche : son oncle Etienne, sa femme, sa belle-fille et sa nièce, Mademoiselle de Saint-Quentin, Michel de Montaigne et le sieur de Beauregard l'assistaient au dernier moment. Il était âgé seulement de trente-deux ans, neuf mois et dix-sept jours.

II

Parfois les existences calmes ont des mystères, comme les eaux tranquilles renferment d'insondables profondeurs. Pour La Boétie, dont on pourrait presque dire qu'il n'a pas d'histoire, tant le cours de sa vie fut régulier, le point le plus obscur est la composition du *Contr'un*. A cet égard, tout est controversé, depuis la date de cette composition jusqu'à la portée elle-même du *Discours de la Servitude volontaire*.

Montaigne est la cause première de cette incertitude : lui, si exact d'ordinaire quand il s'agit de l'ami de son cœur, donne deux dates au *Contr'un*. Il avait l'intention de faire une place, dans ses *Essais*, à l'opuscule de La Boétie, mais « parce que j'ai trouvé que cet ouvrage a été depuis mis en lumière, et à mauvaise fin, par ceux qui cherchent à troubler et à changer l'état de notre police, sans se soucier s'ils l'amenderont, qu'ils l'ont mêlé à d'autres écrits de leur farine, je me suis dédit de le loger ici (1) ». Et dans toutes les éditions

(1) *Essais*, liv. I, ch. 27.

parues de son vivant, Montaigne assure que ce *Discours* fut composé par La Boétie à l'âge de dix-huit ans, c'est-à-dire, par conséquent, au moins en 1548. Au contraire, dans l'exemplaire de l'édition de 1588, que Montaigne enrichissait de ses corrections et de ses additions manuscrites, et qui devait servir à la nouvelle édition donnée à Paris, en 1595, par Mademoiselle de Gournay, l'illustre auteur a, de sa propre main, rayé le mot *dix-huit* et l'a remplacé par le mot *sése* (seize). Ce précieux exemplaire est actuellement conservé, comme l'on sait, à la Bibliothèque publique de Bordeaux, et l'on y peut aisément constater la substitution, qui a passé, du reste, dans chacune des éditions suivantes.

Pourquoi ce changement ? Je n'ignore pas que Montaigne s'est quelquefois donné le malin plaisir d'arranger la vérité à son avantage. Quelle utilité pouvait-il y trouver, dans le cas ? On a dit que la phrase de Montaigne était un désaveu et une reculade d'homme prudent ; on a cru Montaigne effrayé du bruit que faisait ce *Discours* après la Saint-Barthélemy (1). Certes, l'effervescence causée par les massacres de la Saint-Barthélemy, quelque grande et quelque légitime qu'on la puisse trouver, était singulièrement apaisée au moment où Montaigne rajeunissait ainsi son ami. Cette correction autographe ne peut se placer, en effet, qu'entre la date de publication de l'exemplaire qui la porte (1588) et la mort même de Montaigne, survenue le 13 septembre 1592. Or, à cette époque, les passions religieuses, si elles n'étaient pas encore pacifiées, étaient cependant moins chaudes et moins fou-

____

(1) C. Lenient, *la Satire en France ou la littérature militante au XVIe siècle*, t. I. p. 288.

gueuses. La lutte durait encore, il est vrai, plus politique
que religieuse, circonscrite entre deux partis combattant
chacun pour sa propre influence, mais on pouvait entrevoir
quel en serait le résultat final. Entre temps, Henri IV était
monté sur le trône de France, et son avènement, quoique
disputé, semblait le signal d'un apaisement, que sa politique
sut augmenter de jour en jour.

On le voit, dans de pareilles circonstances, il était moins
dangereux qu'on ne paraît le croire de donner à La Boétie
toute la portée de ses desseins, s'ils étaient tels qu'on les lui
prête. Je ne comprends pas, pour ma part, quel péril on
pouvait courir à laisser à un ami mort la responsabilité d'allusions peu transparentes, déjà vieilles de quarante ans et diri-
gées contre des hommes disparus eux aussi depuis longtemps.
Les sanglantes atrocités de Montmorency étaient oubliées à
Bordeaux et les traces en étaient effacées. Pourquoi alors
cette prudence hors de saison ?

(1) Au reste, rien n'est moins prouvé que la présence de
La Boétie à Bordeaux, à l'époque de la révolte de 1548 et de
la répression du connétable. Le contraire est beaucoup plus
probable. Et, s'il est vrai, comme l'affirme de Thou, que ce
jeune homme ait écrit cette invective à l'aube de ses dix-neuf
ans, en 1549, quelques mois seulement après les vengeances
exercées par Montmorency sur la ville rebelle, est-il admissible que son indignation se soit ainsi contenue et n'ait pas
éclaté en accents d'une sublime imprudence ? *La Servitude
volontaire* ne contient aucune allusion aux évènements contemporains. Un pamphlet eut-il procédé de la sorte ? Les
ouvrages de polémique ne valent qu'autant qu'on en peut
aisément pénétrer le sens caché et en faire une facile appli-

cation aux hommes et aux choses du moment. Plus tard, quand Hubert Languet publiait, sous le pseudonyme de Junius Brutus, ses *Vindiciæ contra tyrannos*, il avait le plus souvent en vue, les dissensions du royaume de France et la politique de ses rois. Hotman, lui aussi, dans sa *Franco-Gallia*, cherchait avant tout à établir, par l'étude des chroniques et de l'histoire, que la monarchie française était élective et qu'elle avait dévié de sa première institution.

Est-ce ainsi que procède La Boétie? Nullement. Il prend bien soin d'écarter de son raisonnement ce qui pourrait faire l'objet d'une application particulière; il excepte le gouvernement des rois de France avec une attention jalouse et des termes d'une déférence trop sincère pour qu'elle paraisse une échappatoire. Je sais bien qu'on a voulu y trouver d'allégoriques accusations dans un passage où l'auteur s'indigne de voir le peuple « souffrir les pilleries, les paillardises, les cruautés...... d'un seul hommeau, le plus souvent le plus lache et femelin de la nation; non pas accoustumé à la poudre des batailles, mais encore à grand peine au sable des tournois; non pas qui puisse par force commander aux hommes, mais tout empesché de servir vilement a la moindre femmelette ». C'est de la prophétie faite après coup et qu'expliquent seuls des évènements de beaucoup postérieurs et qu'on ne pouvait prévoir alors. Une femmelette, Diane de Poitiers? Elle, que chacun s'accorde à regarder comme femme de caractère et d'une volonté tenace. Un diplomate vénitien, Marino Cavalli, reconnaît que la sénéchale avait réussi à communiquer à son amant encore dauphin ces qualités de fermeté qu'elle possédait elle-même à un degré éminent (1). Quant à Henri II, je ne sais si l'on pouvait déjà constater son goût pour les tournois (2). La Boétie faisait-il allusion au duel célèbre de Jarnac et de La Châtaigneraie, auquel assistèrent le roi et la favorite? D'ailleurs, la discussion sur ce point risque fort de demeurer stérile, puisque nous ne sommes pas assurés de posséder le véritable texte de l'auteur, la publication n'ayant pas été précédée des garanties désirables.

J'ajouterai que La Boétie ne pouvait pas écrire de la sorte. Croire que *la Servitude volontaire* fût une protestation indignée contre le connétable et la prendre pour une diatribe révolutionnaire, c'est établir entre les actes et les paroles de La Boétie une divergence qui n'existe pas. Durant toute sa vie publique, La Boétie fut l'ennemi de l'émeute et il ne se refusa point à la réprimer chaque fois que ses collègues du Parlement l'y appelèrent. Si sa conscience de magistrat lui faisait entrevoir la réforme politique, il la souhaitait profonde, mais amenée par des moyens honnêtes, basée sur de justes revendications. Ainsi que le dr Payen l'a remarqué, *le Contr'un* manque de conclusion. Pour faire un pamphlet et pour être logique avec son œuvre, conçue dans ce sens, La Boétie aurait dû conclure au régicide, comme Milton y

(1) *Relations des ambassadeurs vénitiens sur les affaires de France au XVIe siècle, recueillies et traduites par* M. N. Tommaseo (Documents inédits sur l'histoire de France). T. I. p. 287 (Relation de Marino Cavalli).

(2) La relation ci-dessus mentionnée de Marino Cavalli reconnaît qu'Henri II aimait à assister aux exercices militaires, mais l'ambassadeur vénitien ajoute aussitôt: « On estime généralement son courage dont il a déjà donné des preuves à Perpignan et en Champagne (*Ibid.*) ».

conclura plus tard (1). Le XVI⁰ siècle lui aussi, ne recula jamais devant cette conséquence : protestants comme Languet, Hotman ou Buchanan, catholiques comme Bodin, nul n'y contredit. Le meurtre est louable, quand il fait disparaître un tyran dont le pouvoir est inique et que sa vie met en danger ses milliers de sujets. C'est ce que demandait la rectitude du raisonnement et ce que l'antiquité admit tout entière. La Boétie s'est écarté formellement ici des opinions grecques et romaines. Effrayé d'aussi horribles conséquences, il n'a pas tiré de conclusion, car c'eût été donner par avance le plus formel démenti à sa conduite, complètement consacrée à sauvegarder la justice et la paix (2).

(1) Notamment dans le traité qu'il publia en février 1649 sur « la responsabilité des rois et des magistrats, où l'on prouve qu'il est et a toujours été légitime pour ceux qui ont en main le pouvoir d'interroger un tyran ou un méchant roi, et, son crime une fois prouvé, de le déposer et de le mettre à mort, si les magistrats ordinaires ont négligé ou refusé de le faire » (Londres, in-4). On en trouvera l'analyse dans l'étude de M. Geffroy sur *les Pamphlets politiques et religieux de Milton*, p. 120.

(2) Au bas du titre d'un recueil d'ordonnances, qui aurait pu lui servir quand il se trouvait encore sur les bancs de l'Ecole, M. Benjamin Fillon a trouvé la signature d'Estienne de la Boétie, précédée des trois mots : *Pax et Lex*. Faut-il voir dans cette formule une devise que La Boétie inscrivait au commencement de ses volumes et dont il voulait se faire à lui-même une règle de conduite? S'il en était ainsi, cette petite découverte viendrait confirmer la thèse que nous soutenons. L'écriture, il est vrai, diffère assez sensiblement des autres autographes connus de La Boétie, ainsi qu'on en peut juger par les fac-simile publiés ci-dessous. Mais comme le remarque M. Fillon, il n'est pas rare de trouver des dissemblances plus grandes encore entre les signatures d'un même personnage, au XVI⁰ siècle, selon qu'elles ont un caractère privé, ou bien qu'elles se voient à la suite de documents publics. Peut-être aussi est-il permis de supposer que cette pensée

Comme remède à cet état de choses qu'il déplore, il proposera un moyen puéril, où l'on a trop vu son inexpérience politique, mais où je rencontre surtout l'honnêteté de son caractère et la pureté de ses intentions. Sa pensée en écrivant était bien celle-là même que lui prête Montaigne. « A fin que la mémoire de l'aucteur n'en soit intéressée en l'endroict de ceulx qui n'ont peu cognoistre de prez ses opinions et ses actions, je les advise que ce subject feut traicté par luy en son enfance par manière d'exercitation seulement, comme subject vulgaire et tracassé en mille endroicts des livres. Je ne fois nul doubte qu'il ne creust ce qu'il écrivoit, car il estoit assez consciencieux pour ne mentir pas même en se jouant, et sçay davantage que s'il eust eu à choisir, il eust mieulx aymé estre nay à Venise qu'à Sarlat, et avecques raison. Mais il avoit une aultre maxime souverainement empreinte en son âme, d'obéir et de se soubmettre très religieusement aux lois sous lesquelles il estoit nay. Il ne feust jamais un meilleur citoyen, ny plus affectionné au repos de son païs, ny plus ennemy des remuements et nouvelletez de son temps; il eust bien plustost employé sa suffisance à les esteindre qu'à leur fournir dequoy les esmouvoir davantage (1) ».

Montaigne a raison. Par ses incertitudes et par ses inexpériences, *la Servitude volontaire* est avant tout une œuvre

fut écrité par La Boétie dans sa jeunesse, alors qu'il se livrait à l'étude du droit. La forme de l'écriture autorise une semblable hypothèse, que ne contredit pas la nature et la date de l'ouvrage et qui rendrait la découverte de M. Fillon plus intéressante encore (Benjamin Fillon, *La devise d'Estienne de La Boétie et le juriste fontenaisien Pierre Fouschier*, 1872, in-8°).

(1) *Essais*, liv. I, chap. 27.

de jeunesse. C'est en considérant surtout ce point de vue que Sainte-Beuve a porté sur ce discours un jugement qui ne serait pas juste, s'il ne l'atténuait aussitôt (1). Pour le pénétrant critique, *le Contr'un*, « bien lu, n'est, à vrai dire, qu'une déclamation classique et un chef-d'œuvre de seconde année de rhétorique,... un des mille forfaits classiques qui se commettent au sortir de Tite-Live ou de Plutarque, avant qu'on ait connu le monde moderne ou même approfondi la société antique ». Il se hâte d'ajouter que cet opuscule annonce bien de la fermeté et du talent d'écrire. « Dans cet écrit si étroit et si simple d'idées, il y a de fortes pages, des mouvements vigoureux et suivis, d'éloquentes poussées d'indignation, un très beau talent de style : on y sent quelque chose du poète dans un grand nombre de comparaisons heureuses ». C'est là que se trouve la vraie originalité et le vrai mérite du *Contr'un* (2).

Il est le produit d'une utopie, mais d'une utopie noble, généreuse et féconde. A chaque page s'exhale le plus pur et le plus sincère amour de l'humanité. Rien de plus hardi, mais aussi rien de plus honnête n'a été écrit « à l'honneur de la liberté contre les tyrans », que ce petit traité qu'on prendrait, selon la belle expression de Villemain (3), « pour

(1) Sainte-Beuve, *Causeries du Lundi*, t. IX, p. 112-128.

(2) Nous ne mentionnerons que pour mémoire l'explication que d'Aubigné donne de *la Servitude volontaire*, composée par La Boétie « irrité de ce que, voulant voir la salle du bal, un archer de la garde (qui le sentit à l'escholier) lui laissa tomber sa hallebarde sur le pied, de quoi ceslui-ci criant justice par le Louvre, n'eut que des risées des grands qui l'entendirent » (*Histoire universelle*, Amsterdam, 1726, t. 1, p. 670).

(3) Villemain, *Ouverture du cours d'éloquence française* (1822).

un manuscrit antique trouvé dans les ruines de Rome, sous
la statue brisée du plus jeune des Gracques ». Tout y est
antique, en effet: la forme, l'inspiration, les pensées. La
forme est de cette beauté sobre, aux lignes nettes et pures
qui caractérisent l'art de la Grèce. Au dire de Montaigne,
c'est une lecture de Plutarque qui inspira cette amplifica-
tion oratoire, et les sentiments en sont si austères que nul
penseur ancien ne les désavouerait. La passion qui y do-
mine est cet amour ardent de la liberté qui fait parfois les
Harmodius et les Thraséas, mais tempéré, ici, par le respect
de la justice et ce culte de la fraternité qui honorait la morale
stoïcienne. Suivant La Boétie, la nature ne nous a faits
¡négaux « qu'afin de nous entreconnoistre tous pour compaignons, ou plustost pour frères ». Sublime illusion, dont
sont capables seules les âmes délicates, et qui confond dans
un même élan l'égalité et la charité!

Mais La Boétie n'a pas apporté dans les questions qu'il
traite l'harmonieuse pondération qui est le propre des ouvrages de l'antiquité. Son argumentation, toujours pressante
et animée, est souvent bien incomplète. Il décrit plus volontiers les effets de la servitude qu'il n'en recherche les
causes et n'en indique les remèdes. Comme on l'a judicieusement remarqué, c'est un cri éloquent contre la tyrannie;
il ne faut point chercher dans ces pages colorées une raison
politique, une maturité de vues que son auteur ne pouvait
pas y mettre. Prévost-Paradol (1) a fort bien noté que La
Boétie soulève plus de questions qu'il n'en résout, et, en
agitant avec une émotion si brûlante ce triste sujet de

(1) Prévost-Paradol, *Etudes sur les moralistes français*, p. 59.

méditation pour les plus nobles intelligences, il nous ins-
truit moins qu'il nous oblige à penser. Essayons pourtant de
coordonner ses principes et de les rassembler en un corps de
doctrine.

« Je ne puis comprendre, écrit quelque part Montesquieu,
comment les princes croient si aisément qu'ils sont tout, et
comment les peuples sont si prêts à croire qu'ils ne sont
rien ». Telle est, au fond, la pensée même de La Boétie.
Ce qui l'indigne surtout c'est que le peuple oublie sa puissance, car il est fort, puisqu'il est le nombre, au bénéfice
d'un homme qui est faible, puisqu'il est seul. Et quand
cette puissance est une fois abandonnée, le peuple s'y
accoutume aisément et s'enfonce plus avant dans la servitude, qui l'amollit au point de s'en faire aimer; si bien qu'on
dirait, à le voir, « qu'il a non pas perdu sa liberté, mais
gaigné sa servitude ». Puis, le temps s'écoule, qui affermit
les tyrannies, et les générations se succèdent, plus dociles
au maître, parce qu'elles sont nées en esclavage. C'est là
un extrême malheur, comme l'écrit La Boétie, d'être sujet à
un maître, d'autant qu'on ne peut jamais être assuré qu'il
sera bon, puisqu'il est en sa puissance d'être mauvais quand
il le voudra.

Quel moyen employer pour faire cesser une situation si
désastreuse ? Devra-t-on chasser le tyran ignominieusement ?
le bannir de la société, et dépouiller de tout celui dont le
pouvoir est illégal ? ou bien quelque homme de courage n'ira-
t-il jusqu'à tremper ses mains dans le sang de l'ennemi
commun ? Et les jeunes filles couronneront de myrte ce hardi
citoyen, les poètes le chanteront sur leur lyre, ils célébreront
son exploit comme la délivrance même de la patrie ! Non,

la haine de La Boétie est moins farouche, si elle n'est moins profonde; elle est plus honnête et plus réfléchie. Il n'est pas besoin de répandre le sang, fut-ce celui d'un coupable. Le propre auteur de sa servitude, c'est le peuple, qui s'y soumet volontairement (1); qu'il cesse donc de vouloir être esclave, et il le sera. « Soyez résolus de ne servir plus, et vous voilà libres. Je ne veux pas que vous le poussiés, ou l'esbranliés, mais seulement ne le soutenés plus, et vous le verrés, comme un grand colosse à qui on a desrobé la base, de son pois mesme fondre en bas et se rompre ». Tel un rameau périt et se détache du tronc qui ne le nourrit plus (2).

Sans nul doute le remède ne serait pas très-efficace: il fait plus honneur au caractère de La Boétie qu'à son expérience politique. Après avoir omis de distinguer l'autorité qui

(1) Lucain *(Pharsale*, ch. IV, v. 185) avait dit longtemps auparavant :

« *Usque adeone times quem tu facis ipse timendum* ».

(2) Il est vrai d'ajouter que l'abondance des impôts était considérable alors, et la facilité avec laquelle le peuple s'acquittait d'aussi lourdes charges avait frappé l'esprit de diplomates habiles et désintéressés . « Les Français, écrivait en 1546 l'ambassadeur vénitien Marino Cavalli, que nous avons déjà eu l'occasion de citer, les Français ont entièrement remis leur liberté et leur volonté aux mains de leur roi. Il lui suffit de dire : Je veux telle ou telle somme, j'ordonne, je consens, et l'exécution est aussi prompte que si c'était la nation entière qui eut décidé de son propre mouvement. La chose est allée si loin que quelques-uns des Français mêmes, qui voient plus clair qu eles autres, disent: « Nos rois s'appelaient jadis *Reges Francorum*; à présent on peut les appeler *Reges Servorum*. On paye au roi tout ce qu'il demande; puis tout ce qui reste est encore à sa merci » *(Relations des ambassadeurs vénitiens*, t. I. p. 273). Peut-être cet état de choses avait-il étonné aussi La Boétie et il n'est pas impossible qu'il y songeât un peu en écrivant, car nous savons qu'il eut préféré vivre à Venise qu'à Sarlat.

s'exerce légitimement de l'autorité illicite et s'être impru-
demment attaqué au principe même d'autorité, La Boétie
émet une illusion naïve. Il semble croire que l'homme
pourrait vivre dans l'état de nature, sans société et sans gouvernement, et laisse entrevoir que cette situation serait
pleine de bonheur pour l'humanité. Le rêve est puéril, mais
exposé avec une éloquence communicative, car l'on sent
toujours, à travers l'utopie, la conviction d'une âme ardente
et jeune, sincère avant tout dans ses emportements.

Tel est, en effet, le caractère saillant de La Boétie : une
forme à la fois savante et entraînante, une langue vive et
colorée, qui pare un fonds par lui-même assez pauvre
d'idées. Ce reproche pourtant ne doit point être exagéré.
Pour cela, il ne faut pas oublier que *la Servitude volontaire*
avait été composée par son auteur, bien avant les grands
mouvements politiques et religieux du XVI⁰ siècle. Dans de
semblables circonstances, jointes au jeune âge de l'écrivain,

il était nécessaire que *le Contr'un* fut l'œuvre d'un esprit
plus généreux qu'expérimenté. La passion de La Boétie lui
avait été inoculée, en quelque sorte, par l'amour de l'antiquité, par la lecture de ses orateurs, le culte de ses poètes, qui
revoyaient alors le jour après un si long oubli. Elle devait
donc être, dans une large part, irréfléchie et inconséquente,
comme ces opinions qu'on puise toutes faites dans les livres,
sans prendre le temps de les accommoder à l'époque, ou
sans les modifier suivant sa propre connaissance des hommes
et des choses. Ceci explique encore la différence si considérable qui existe entre *la Servitude volontaire*, ouvrage de
jeunesse et d'imprévoyance et *les Essais,* rassemblés par un
écrivain en la complète maturité de son talent, après une

observation lente et sagace et la leçon des évènements. « *La Servitude volontaire*, dit **M. R.** Dezeimeris, écrite d'entraînement, à une époque d'espérance générale et de foi en l'avenir, est une œuvre de conviction. *Les Essais,* composés à bâtons rompus, dans des entr'actes d'émeutes, et en pleine désillusion, sont le livre du doute. La Boétie avait été véhément par confiance et enthousiasme; Montaigne, aussi libéral que son ami, mais mieux édifié sur les ambitions des hommes, allait être modéré par expérience et conservateur par méfiance (1) ».

Quelle que soit, au reste, la date à laquelle on s'arrête, sur la foi des contemporains de La Boétie, pour fixer l'époque de la composition du *Contr'un*, il ne faut pas l'accepter sans atténuation. Soit que l'on admette avec Montaigne que ce libelle est l'œuvre d'un garçon de seize à dix-huit ans, soit qu'on monte jusqu'à dix-neuf ans avec de Thou, il est certain qu'il fut remanié et complété dans la suite. Par qui? Là est la question, car, comme nous l'avons déjà fait remarquer, nous ne sommes point assurés d'avoir le vrai texte de l'écrivain, la publication s'étant faite en fraude et contre le gré de ceux qui avaient le plus souci de la bonne renommée de La Boétie. Est-ce l'auteur qui aurait revu plus tard le texte ne son propre ouvrage? ou bien faut-il y voir la main de Montaigne, qui s'est permis parfois quelques corrections délicates et discrètes aux vers et à la prose de son ami? On pourrait croire aussi que le *Discours*, en courant longtemps sous le manteau, s'est insensiblement accru, et supposer en quelques endroits des interpolations ainsi ame-

(1) R. Dezeimeris, *De la renaissance des lettres à Bordeaux*, p. 62.

nées. La retouche n'en est pas moins incontestable. La Boétie
y parle de Ronsard, de Baïf, de Du Bellay, qui ont « fai^t
tout à neuf » notre poésie française. Or, les uns et les autres
ne commencèrent à être connus que postérieurement à 1546,
ou même à 1548. Du Bellay n'avait rien publié avant 1549,
et la réputation de Ronsard ne se répandit vraiment en
France qu'en 1550. C'est à cette époque environ (1552) qu'il
conçut le projet de cette *Franciade*, mentionnée par La Boétie,
si longtemps promise par le grand poète, et dont il ne donna
les quatre premiers livres qu'en 1572 seulement, mais qu'il
n'acheva jamais. Quant à Baïf, né en septembre 1532, il
n'avait alors que quatorze ou quinze ans et n'avait rien
imprimé encore. On le sait, l'apparition de la Pléiade n'eut
lieu qu'en 1549, à la publication de la *Défense et illustration
de la langue françoise*, qu'il faut considérer comme le mani-
feste et le signal de la nouvelle école : cette date, selon le mot
si pittoresquement exact de Sainte-Beuve, est précise comme
celle d'une insurrection. La Boétie ne pouvait donc s'exprimer
ainsi sur le compte des trois poètes, qu'après l'apparition des
odes de Ronsard en 1550 et 1552, de celles de Du Bellay dans
le recueil de 1550, et des *Amours* de Baïf en 1552. Tout cela
indique donc, assurément, des corrections postérieures, pra-
tiquées soit par des mains étrangères, soit qu'un La Boétie
de vingt-deux à vingt-quatre ans, sans doute l'écolier d'Orléans, ait revu et retouché l'œuvre du « garçon de seize ans ».

Dans cet ordre d'idées, on peut émettre une autre hypothèse qui, si elle explique bien des choses, a le tort grave de
contredire Montaigne. N'est-il pas permis de croire que le
Contr'un fut composé, plutôt que revu, à Orléans, par
La Boétie, sinon encore mûri par l'étude, moins adolescent

pourtant qu'on ne l'a cru jusqu'ici? Cette explication serait à plusieurs égards bien vraisemblable. Le milieu dans lequel vivait alors La Boétie, ses fréquentations, ses travaux expliqueraient, dans une certaine mesure, de semblables aspirations. L'Université d'Orléans était un centre de libre discussion, et les maîtres qui y enseignaient, ne s'effrayaient point des hardiesses de la raison. L'un d'entre eux surtout, Anne Du Bourg, se passionnait aisément pour les généreuses conceptions. Est-il impossible d'admettre que l'âme ardente de La Boétie se soit sentie attirée vers cette nature droite, franche, si chaude dans ses affections comme dans ses haines?

Certes, de grandes dissemblances séparaient leurs caractères, le respect de l'autorité, de la légalité, les convictions religieuses. Que de nombreux points de contact aussi! L'un et l'autre étaient de fervents adeptes de la science juridique, dont l'étude développait encore davantage, dans les intelligences d'élite, le goût de l'examen consciencieux et de la discussion indépendante. Libre par dessus toutes choses, cette étude n'avait pas alors de cadre tracé, une suite réglée d'avance, des développements prévus comme de nos jours. Les investigations s'y exerçaient sans entraves: plus que partout ailleurs l'amour de la dialectique pouvait s'y donner carrière. Au XVIᵉ siècle, comme on l'a fait remarquer (1), l'enseignement du droit était une prédication plutôt qu'une institution, une sorte de recherche de la vérité, faite en commun par le maître avec ses élèves, et pour laquelle ils se passionnaient ensemble, ouvrant un champ sans fin aux

(1) Henri Doniol, *Notice historique sur Anne Du Bourg*. Clermont-Ferrand, 1845, in-8°, p. 9.

spéculations philosophiques. C'est là un des motifs qui explique comment les plus célèbres jurisconsultes de cette époque entrèrent si aisément, portés par la nature même de leurs occupations, dans le mouvement de la Réformation, dont ils furent les plus habiles, les plus forts et les plus héroïques défenseurs.

A cet égard, Anne Du Bourg était l'idéal du professeur. Entre autres rares mérites, il savait faire passer chez ceux qui l'écoutaient les convictions qu'il ressentait lui-même, les convertir aux vérités que la réflexion lui avait fait entrevoir et que sa raison acceptait. Mais il est vrai d'ajouter que Du Bourg n'était pas alors le réformateur qu'il devint plus tard. Entré de bonne heure dans les ordres ecclésiastiques, il est hors de doute qu'en prenant place dans les rangs du clergé, il en partageait les croyances. Nature ardente et enthousiaste, passionnée pour la libre recherche, le jeune professeur n'arriva à la Réforme que poussé par la force même de son esprit inquiet, entraîné par ce besoin de changement et d'examen qui possédait l'Europe entière. Et l'ordre même de ses méditations avivait les tourments de son âme et contribuait à cet évènement pour une large part. Serail-il inadmissible d'avancer, après cela, que La Boétie se soit échauffe à un semblable voisinage, sans que ses convictions religieuses y aient été atteintes? Toute sa vie publique et sa mort même nous sont un sûrs garants de sa fidélité aux croyances orthodoxes. L'ardeur de sa jeunesse ne dut pas moins s'embraser à l'éloquence de ce maître qui allait bientôt finir par la plus sublime des utopies. Est-il téméraire de chercher dans *le Contr'un* l'influence de Du Bourg, agité en tous sens par le besoin d'innovations et de progrès, encore catholique, mais incertain, ébranlé sans doute dans sa foi? Devrait-on voir dans la prose entraînante de La Boétie l'écho prolongé jusqu'à nous de l'enseignement d'Anne Du Bourg?

Pour s'arrêter à cette explication, nous avons déjà dit qu'il ne faut tenir nul compte du témoignage de Montaigne. Peut-être n'en faudrait-il pas non plus tenir un compte excessif. M. Dezeimeris a cru que Montaigne s'efforçait de rajeunir son ami pour constater que la *Servitude* était une œuvre d'extrême jeunesse, et atténuer ainsi l'interprétation exagérée que pouvait souffrir cet ouvrage, publié, comme il le fut, au milieu de diatribes révolutionnaires (1). La chose est plausible. Il est juste aussi de faire remarquer que la composition du *Contr'un* se place, — à quelque date qu'on l'attribue, — dans une période que Montaigne ne vécut point aux côtés de son ami. De là, sans nul doute, le manque de précision dans l'affirmation de Montaigne et les deux âges qu'il assigne successivement à cette composition. D'ailleurs d'autres considérations semblent encore venir ébranler le témoignage de Montaigne et confirmer l'hypothèse de la rédaction à Orléans. Il paraît particulièrement difficile qu'un tout jeune homme puisse ainsi façonner à son usage une langue sobre, expressive, bien personnelle, surtout si l'on admet, comme il le faudrait supposer, qu'il n'écrivait pas dans un centre intellectuel de premier ordre. A moins d'un génie exceptionnellement doué, de qualités absolument transcendantes, — et ce n'est pas le cas de La Boétie, esprit fort remarquable assurément, mais que des dons si extraordinaires ne semblent avoir jamais distingué, — la chose serait

(1) *De la Renaissance des lettres à Bordeaux*, p. 40.

8.

sans exemple dans les annales littéraires. Au contraire écrit
à Orléans, c'est-à-dire au moment où la Pléiade commence
à poindre, où les tentatives de rénovation littéraire s'agitent
déjà un peu confusément, composé dans ce milieu voué
par excellence aux libres controverses et aux entretiens
érudits, le *Contr'un* germe à son heure, dans un sol bien
préparé à son éclosion. Ainsi mis en sa place, c'est un
anneau dans la grande chaîne des accroissements humains.
L'ouvrage de La Boétie prend rang à sa date dans le développement de la langue et de l'esprit français. Les progrès
intellectuels sont solidaires les uns des autres et ils se
tiennent entre eux par des liens étroits qu'il n'est pas
permis de rompre.

Le replacer, de la sorte, dans le milieu qui l'inspira probablement, pourrait contribuer, en outre, à expliquer l'application qui en fut postérieurement faite. Prédisposée entre
toutes les villes de France à bien accueillir la réforme religieuse, Orléans en devint rapidement un des plus ardents
foyers. Quelques-uns de ceux qui avaient été les compagnons
de La Boétie sur les bancs de l'école en furent plus tard les
principaux adeptes, et, dans ce nombre, il faut compter
Lambert Daneau, dont nous aurons à nous occuper encore.
Uni dans sa jeunesse avec La Boétie, dont il partageait les
goûts studieux et les travaux intelligents, Daneau fut entraîné au calvinisme par la constance et par l'exemple de
son maître, Anne Du Bourg, dont il semble avoir été l'élève
favori. L'un et l'autre, Daneau et La Boétie, se commu-
niquaient alors leurs projets, comme ils échangeaient leurs
pensées, et Daneau fut sans nul doute le confident des premiers essais de La Boétie. C'est lui assurément qui eut la

primeur du *Contr'un*, si elle n'avait pas été réservée au maître qui les guidait tous les deux. Leurs âmes, animées d'un même élan, devaient se comprendre à merveille, et c'est dans l'intimité de ces relations qu'il faut chercher le vrai motif pour lequel le *Contr'un* était si répandu parmi les fervents huguenots. Peut-être avait-on cru un moment pouvoir convertir à la cause commune l'esprit si droit de La Boétie, et quand il fut bien avéré que ces nouveautés ne l'avaient point tenté, quand il ne fut plus de ce monde pour se défendre des fausses interprétations, on publia l'œuvre dans laquelle il s'était mis tout entier, avec l'ardeur et les utopies de sa jeunesse. On voulut en faire une application, d'abord timide, aux choses du présent, que La Boétie avait pourtant évité avec soin de toucher. On n'était pas fâché d'entendre un catholique, dont la foi n'avait jamais été suspectée, traiter, avec une aussi grande liberté d'allures, les questions qui préoccupaient le plus les huguenots. On faisait bien remarquer, qu'au prix du catholique, ceux-ci étaient « trop doux et trop serviles ». On espérait enfin que ce franc parler convaincrait bien des gens indécis, et que les autres Français, « qu'on traite pire que des bestes », s'éveilleraient à cette mâle parole « pour recognoistre leurs misères et aviser très tous ensemble de remédier à leurs malheurs » (1). L'éditeur omettait seulement de dire que cette application particulière, qu'il faisait aux maux de la France du discours de La Boétie, n'était point le cas de celui-ci. Il

(1) Comme on le verra ci-dessous, ce sont les propres paroles qui précédaient et qui annonçaient l'extrait de la *Servitude volontaire* inséré, sans nom d'auteur, dans le *Réveille-Matin des François.*

commettait la première fausse interprétation du *Contr'un;*
par malheur, elle ne devait pas rester la dernière.

La publication de la *Servitude volontaire* n'eut lieu qu'en
1574, plus de dix ans après la mort de son auteur, et, —
chose curieuse, qui n'a cependant été mentionnée par aucun
des biographes de La Boétie, — le premier extrait qui en
fut publié le fut en latin (1). En 1574 parurent en effet, sous
le pseudonyme d'Eusèbe Philadelphe, qui cachait un écrivain protestant, deux dialogues latins assez longs, dirigés
contre le roi et la reine sa mère (2). Le premier avait déjà été
publié l'année précédente, à la fois en latin (3) et en français (4)
six mois et douze jours seulement après la Saint-Barthélemy.
C'est dire qu'il était assez violent et qu'il eut quelque reten-
tissement: on le traduisit même en allemand (5), et la cour

(1) Voir ci-dessous Appendice IV.

(2) *Dialogi ab Eusebio Philadelpho cosmopolita in Gallorum et
cœterarum nationum gratiam compositi, quorum primus ab ipso auc-
tore recognitus et auctus, alter vero in lucem nunc primum editus fuit.*
— Edimburgi (Bâle?), ex typographiâ Jacobi Jamœi, 1574, in-8º. —.
Deux dialogues à pagination séparée : 1er dialogue, 110 pp. et 16 ff
liminaires non chiffrés; 2e dialogue, 136 pp.

(3) *Dialogvs qvo mvlta exponvntvr qvæ Lvtheranis et Hvgonotis,
Gallis accidervnt. Nonnulla item scitu digna et salutaria consilia
adiecta sunt.* Oragniæ (Orani en Piémont), excudebat Adamus de
Monte. 1573, pet. in-8º de 4 ff. lim., 170 pp. et 2 ff. pour l'index.

(4) *Dialogue auquel sont traitées plusieurs choses advenues aux
Luthériens et Huguenots de la France, ensemble certains points et
avis nécessaires d'estre sçus et suivis.* Basle, 1573, pet. in-8º, 2 ff. et
162 pp. A la fin: « Achevé d'imprimer le douziesme iour du sixiesme
mois d'après la trahison ».

(5) Traduction du titre allemand: *Réveille-matin, ou réveillez-vous
de bonne heure, c'est-à-dire relation sommaire et véritable des troubles graves passés et actuels de la France, composée en forme de
dialogue pour le bien des Français et d'autres nations voisines par*

le fit combattre par un libelle contradictoire d'Arnaud Sorbin (1). Quant au second dialogue, d'une forme un peu plus modérée, il voyait le jour pour la première fois et se terminait par une longue tirade sur la servitude volontaire, qui n'était autre qu'un important fragment du discours de La Boétie, mis en latin pour les besoins de la cause. Œuvre anonyme et collective, comme devait être plus tard *la Satyre Ménippée*, mais composée avec infiniment moins d'esprit, le *Réveille-matin des François* renfermait un pêle-mêle de discussions et d'opinions sur les diverses questions du temps (2). Pour le rendre plus redoutable encore, on ne tarda pas à le mettre en français, et l'extrait de La Boétie parut alors en français sans que son auteur fut nommé pour cela.

Il ne le fut pas même en 1576. A cette date (3), un pasteur

Eusebius Philadelphus cosmopolite; *traduite maintenant du français en allemand par Emericus Lebusius.* Edimbourg, I. James, 1575, in-8.

(1) *Le vrai Réveil-Matin, pour la défense de la Majesté de Charles IX par Arnaud Sorbin.* Paris, 1574, in-8°. — Cet opuscule fut réimprimé en 1576 sous un titre quelque peu différend.

(2) On trouvera une judicieuse appréciation des mérites littéraires du *Réveille-Matin des François* dans l'ouvrage de M. C. Lenient sur *La satire en France ou la littérature militante au XVIe siècle* (Paris, 1877, in-12, t. II, p. 30).

(3) Cette première édition des *Mémoires de l'estat de France sous Charles neufiesme* est fort rare. Je n'ai pu la rencontrer et je n'en parle que d'après Brunet et *la France Protestante.* Suivant Brunet, l'ouvrage fut réimprimé en 1577 et 1578; sous cette dernière date, il y aurait même eu deux éditions des *Mémoires*, publiées toutes deux à Meidelbourg et imprimées l'une en gros caractères, l'autre en petits. Dans l'édition en gros caractères, qui est réputée la meilleure et la plus complète, *la Servitude volontaire* occupe les feuillets 116 verso à 139 verso du tome III; dans l'édition en petits caractères, elle va du feuillet 82 verso au feuillet 99 verso, également dans le tome III.

de Genève, Simon Goulard, éditait trois volumes compactes de pièces publiées « tant par les catholiques que par ceux de la religion », depuis la paix de 1570. C'est une indigeste collection de libelles, dont quelques-uns sont du compilateur lui-même, mais dont la plupart ont été traduits ou arrangés par lui. Au milieu du troisième volume, nous voyons figurer *la Servitude volontaire*, moins mutilée que dans le *Réveille-Matin*, sans que son texte offre pourtant des garanties suffisantes d'exactitude et de correction. C'est là, à vrai dire, qu'il faut rechercher la première manifestation complète imprimée du *Contr'un*.

Née, pour ainsi parler, avec les troubles, la renommée de *la Servitude volontaire* grandit avec eux et passa comme eux. Sous la monarchie libérale de Henri IV ou sous la puissante autorité de Richelieu ou de Louis XIV, on ne se préoccupa guère des opinions de La Boétie et son libelle fut tout-à-fait oublié. Seuls, quelques esprits curieux le recherchent encore et le lisent. Un poète bordelais, Martin Despois, nous apprend combien le *Contr'un* était rare au commencement du XVIIe siècle. Longtemps il désira l'opuscule. La libéralité d'un ami, Gabriel Cormier, le lui procure enfin et aussitôt il remercie son bienfaiteur de ce don par une charmante pièce d'hendecasyllabes latins, instructifs à bien des égards (1). Une mort prématurée, dit-il, a fait périr

(1) Par le charme du style et la délicatesse du sentiment la pièce mériterait d'être citée, n'était sa longueur. Nous renverrons le lecteur aux poésies françaises, latines et grecques de Martin Despois, éditées avec une introduction et des notes par M. Reinhold Dezeimeris, dans les *Publications de la Société des Bibliophiles de Guyenne* (1875, in-8°, t. II, p. 107-110).

La Boétie, et voici que maintenant un oubli injuste frappe encore son œuvre, comme une nouvelle mort :

> Sic mors eripuit secunda famam.

Pourtant La Boétie ne mérite pas ce destin : c'était un cœur généreux, une âme honnête, qui vivait dans un temps indigne de le comprendre :

> Fuit pulcer olor Boetianus
> Indignus sociisque seculoque
> Quod tum barbaries tenebat atra.

Et, à ces plaintes, se mêle bientôt un accent contenu de découragement personnel, qui en rend le ton plus touchant et plus vrai.

Toutefois, cette gloire de La Boétie, quoique fort diminuée assurément, n'était pas seulement, comme on pourrait le croire, une gloire de clocher. Elle s'étendait même au delà des frontières françaises. Jean de Wower, l'ingénieux panégyriste de *l'Ombre*, souhaitait lui aussi de prendre connaissance du *Contr'un*. Il le réclame de Hambourg, avec instances, à son ami Dominique-Baudius, fixé alors à Leyde, mais celui-ci ne peut le lui envoyer (1), car il a laissé en Zélande, entre les mains du fils de sa sœur, l'exemplaire qui le contient (12 janvier 1603). Jean de Wower insiste (2), et Baudius finit par adresser au curieux

---

(1) « Boethiani librum *De Servitude voluntariâ* seu *ethelodouleias* nondum a filio sororis meæ recuperare potui. Monebo illum iterum proximis literis. Jam fere tres menses sunt ipsi postquam soror abiit ad plures; ab eo tempore unas tantum literas ad me misit » (Dominici Baudii, *Epistolæ*. Amsterdam, Louis Elsevir, 1654, III centurie, 34 lettre, p. 346).

(2) Le 5 février 1604 Baudius lui écrit encore : « Nondum ex Zelandiâ

philologue de Hambourg le petit traité de La Boétie (1), avec l'*Hésiode* de Heinsius, plus d'un an après sa demande (10 mars 1604).

Si l'on en croit Tallemant des Réaux (2), le renom posthume de l'auteur de *la Servitude volontaire* s'éleva plus haut encore. Un jour, Richelieu voulut lire lui aussi cet opuscule si vanté par Montaigne. En vain, le fit-il rechercher chez tous les libraires de la rue Saint-Jacques, bien fournie alors en marchands de livres, vieux ou nouveaux : aucun ne possédait le petit discours ou ne voulut le procurer au cardinal. Enfin, l'un d'entre eux, plus savant ou plus avisé que ses confrères, le libraire Blaise, se décida à le céder aux intermédiaires du tout puissant ministre au prix de cinq pistoles. Il n'avait eu, pour cela, qu'à détacher des *Mémoires de l'Estat de France sous Charles neufviesme* les quelques feuillets consacrés à l'œuvre de La Boétie. Le cardinal put ainsi la lire. Il dut sourire des utopies du jeune conseiller; sans doute, la décision de son caractère ne s'accommoda guère de ces théories incertaines, et l'homme d'état traita de chimères les nobles aspirations de ce réformateur adolescent.

literas a filio sororis meæ recepi, nec librum quo continetur tractatus de *Servitute voluntariâ* » (Ibid. III cent., let. 36, p. 350).

(1) Baudius termine ainsi sa lettre du 10 mars 1604: « Accepi tractatum *de Servitute voluntariâ*, quem mittam proximâ occasione unà cum Hesiodo Heinsii, qui jam recens editus est, sed auctor eum nondum communicavit nisi cum iis quibus dedicavit » (Ibid., cent. III, let. 37, p. 352).

(2) *Les historiettes de Tallemant des Réaux*. Troisième édition, revue par MM. de Monmerqué et Paulin Paris. 1862, in-12. T. I, p. 433.

Par bien des côtés, le XVIIIe siècle ressemble plus au XVIe siècle que le précédent: durant l'intervalle qui les sépare, cette poussée vers la liberté de discussion et d'action s'est ralentie, on dirait que le flot des idées audacieuses a disparu sous terre, qu'il y roule sans bruit pour réapparaître à son heure. Aussi le XVIIIe siècle était-il mieux à même de comprendre et d'apprécier *le Contr'un.* Dès les premières années nous voyons *la Servitude volontaire* réimprimée prendre à la suite des *Essais* de Montaigne une place, qu'elle garda presque toujours depuis. De cette façon elle fut plus communément répandue en France ; sous la protection de Montaigne, elle pénétra plus avant dans les esprits. Il ne paraît pas cependant qu'on s'y soit beaucoup arrêté. Son influence ne fut pas aussi notable qu'on aurait pu l'attendre. Parfois pourtant, quelque nature, éprise comme La Boétie de l'amour de l'humanité, se rencontrait avec lui dans un cri éloquent ou dans une pensée généreuse, et il serait intéressant de rapprocher, par exemple, *le Contrat social* de *la Servitude volontaire,* de comparer Jean-Jacques avec La Boétie (1).

Plus tard, les temps s'assombrirent. Aux jours d'émeute, on cherche à faire arme de tout : des pavés des rues comme des œuvres du passé. *Le Contr'un* n'échappa pas à la destinée commune. Au milieu de la Révolution, on le rendit à la lumière, rajeuni, commenté et adapté aux besoins du moment (2). Plus tard, La Boétie servit au même usage.

(1) **M.** Dezeimeris mentionne (*De la Renaissance des lettres à Bordeaux*, p. 42) quelques rencontres curieuses entre La Boétie et Jean-Jacques.

(2) On le publia deux fois, en 1789 et en 1790, après l'avoir traduit

M. de Lamennais l'édita, en le faisant précéder d'une préface violente (1) et son exemple fut suivi par d'autres (2). C'était rabaisser un des monuments de la langue française, en l'employant aux attaques des partis. Il y a plus encore. Ceux qui, sur de semblables traces, veulent faire de La Boétie un des précurseurs des révolutions modernes, un fauteur de discordes, et voient dans son éloquent libelle le symbole des revendications sociales, méconnaissent à la fois sa vie et sa pensée. Lire ainsi *la Servitude volontaire*, c'est la lire à rebours, comme les sorciers lisaient la messe quand ils la célébraient en l'honneur du diable.

en langage moderne pour le faire servir aux passions du jour. Voici le titre exact de ces deux publications : *Discours de Marius, plébéien et consul, traduit en prose et en vers français du latin de Salluste, suivi du discours d'Etienne de La Boétie, ami de Montaigne et conseiller au Parlement de Bordeaux, sur la Servitude volontaire, traduit du françois de son temps en françois d'aujourd'hui, par L'Ingénu, soldat dans le régiment de Navarre* (D'après Barbier, pseudonyme de M. Lafite, avocat). S. l. 1789, in-8º de 144 pp. (Le discours de La Boétie est précédé d'une préface curieuse à bien des égards). — *L'ami de la Révolution ou Philippiques dédiées aux représentants de la nation, aux gardes nationales et à tous les Français* (La huitième philippique contient en supplément un *Discours sur la servitude et la liberté extrait d'Etienne de La Boétie*, pp. 137-143). 1790-91, 57 numéros in-8º.

(1) On trouvera ci-dessous des renseignements bibliographiques sur l'édition de Lamennais et sur celle de Charles Teste, à laquelle il est fait allusion.

(2) Il en fut de même en 1852 et l'on accommoda *le Contr'un* en vengeur du coup d'état de décembre. Voy. *Tyrannie, usurpation et servitude volontaire, trois extraits d'Alfieri, de Benjamin Constant et d'Estienne de La Boétie, publiés par A. Poupart* (Bruxelles, 1852, in-12).

III

Pour achever de juger la physionomie littéraire de
La Boétie, il ne faut point omettre l'examen de ses
traductions et de ses poésies, latines ou françaises.
Nous les allons étudier successivement; aussi bien, les unes
et les autres nous fourniront des particularités remarquables
et dignes d'être notées.

La Boétie était un véritable philologue, il en avait les
qualités : l'érudition, la sagacité, la critique. Sa solide instruction le rendait capable des besognes délicates vers
lesquelles son goût le portait. Dès sa jeunesse, il s'efforçait
de dépouiller les ouvrages de l'antiquité de l'élément étranger que le temps y avait introduit. Certes, si les siècles
avaient conservé une grande partie des chefs d'œuvre de
l'esprit hellénique, ceux-ci n'étaient pas demeurés, à travers
tant d'années, dans l'harmonieux appareil de leur beauté na-
tive. A mesure qu'il se répandait par le monde, bien des
scories s'étaient mêlées à ce métal précieux et elles en alté-
raient la pureté et l'éclat. Maintenant que le génie de
Gutenberg allait vulgariser ces travaux encore davantage

et mettre à la portée des érudits les plus modestes ce qui avait été jusque là le privilège exclusif des heureux et des riches, il fallait, autant que possible, pénétrer les secrets de la pensée antique et la reproduire dans tout son charme et toute son intégrité. Ce fut l'ambition du XVI⁰ siècle et La Boétie s'y livra avec l'ardeur à la fois entraînante et réfléchie qu'il apportait dans ses entreprises. Jeune encore, il tentait de fixer le texte des auteurs grecs, comme il cherchait aussi à en comprendre le sens.

Parmi ceux-ci Plutarque l'attirait, et, en particulier, dans Plutarque, le recueil de ses œuvres diverses ou morales. La philosophie de ces opuscules charmait La Boétie et les difficultés qui se rencontraient alors à chaque ligne l'eussent retenu à l'étude d'un écrivain si intéressant par lui-même. Dans les commencements du siècle, ces *moralia* avaient été rassemblées par les soins du crétois Démétrius Ducas (1) et Alde en livrait la collection au public savant en mars 1509. Cette édition fut avidement accueillie (2), quoiqu'elle eut été confectionnée avec plus de bonne volonté que de jugement et qu'elle reproduisit trop scrupuleusement les lacunes et les erreurs des manuscrits suivis. Trente ans après, Froben imprimait à Bâle, en 1542 (3), une

(1) *Plutarchi opuscula LXXXXII.* (A la fin) Venetiis in ædibus Aldi et Andreæ Asulani soceri, mense martio MDIX. — In-folio de 8 ff. non chiffrés, 1050 pp. et 1 f. pour l'ancre aldine qui figure également sur le titre.

(2) Janus Lascaris, en mission à Venise au moment de l'apparition de cet ouvrage, en expédiait les bonnes feuilles à Guillaume Budé à mesure de leur impression. Voir deux lettres fort curieuses publiées par M. Emile Legrand (*Bibliographie hellénique*, t. II, p. 330-333).

(3) *Plutarchi Chœronei Moralia opuscula multis mendarum milibus*

nouvelle édition amendée et plus correcte. Entre temps, la critique avait fait un grand pas et la philologie classique était née. De véritables érudits avaient exercé leur sagacité et leur science sur le texte des écrits philosophiques de Plutarque, de sorte que pour en donner une collection sensiblement améliorée, il suffisait à Froben de centraliser le résultat de ces remarques et de ces corrections. On essayait même à traduire Plutarque en latin et les versions ainsi entreprises commençaient à être assez nombreuses pour former un volume, également imprimé à Bâle, en 1541, et qui comprenait déjà plus de la moitié des *moralia* (1).

C'est sur le texte de Plutarque donné par Froben, fort défectueux malgré ses améliorations, que La Boétie exerça son jugement. A ses côtés, son collègue et ami Arnauld de Ferron se livrait à la même étude avec un zèle digne d'éloges. Il s'occupait à mettre en latin divers opuscules non encore traduits de Plutarque (2) et ses traductions parurent successivement à Lyon en 1555, 1556 et 1557. Pour mener à bien une semblable tâche, Ferron recourait à l'obligeance des érudits avec lesquels il était lié: à Jules-César Scaliger il demandait des préfaces et problablement aussi des conseils; il consultait La Boétie sur le résultat de ses lectures et de

expurgata. Basileæ, per Hier. Frobenium et Nic. Episcopium, 1542, In-folio de 6 ff. liminaires, 877 pp. et un feuillet pour la marque de Froben.

(1) *Plutarchi Chœronei philosophi et historici clariss. opera moralia quæ hunc usque diem latinè extant universa.* Basileæ, apud Mich. Isingrinium, anno MDXLI, in-folio.

(2) Il traduisit notamment le petit traité de Plutarque *Ne vivere quidem jucundè quemquam posse qui sectam sequatur Epicuri* (Lyon, 1555), celui *Contrà Coloten* (1555), celui *De inscriptione Delphici templi* (1557) et le traité apocryphe *Pro nobilitate* (1556).

ses observations. La preuve matérielle de cette collaboration nous est fournie par la traduction du traité *de l'Amour*, publiée par Ferron chez Jean de Tournes, en 1557 (1). A la suite de cette traduction se trouvent plusieurs restitutions intéressantes et une note nous informe que la plupart sont dues à La Boétie. Sans doute se sont là des remarques sans prétention et dont il ne faudrait pas surfaire l'importance; elles sont curieuses cependant à envisager à bien des égards.

C'était le produit de ses propres conjectures, de ses recherches personnelles, que La Boétie échangeait ainsi avec Ferron, et l'érudition nullement pédantesque, qu'il apportait en tout ceci, prouve bien qu'il s'exécutait avec plus d'amicale bonne grâce que d'ambition philologique. Tous les renseignements fournis par La Boétie n'ont pas été publiés par Ferron: nous n'en possédons qu'une partie et il est vraisemblable même qu'en les écrivant La Boétie n'avait pas la pensée de les voir imprimer un jour. Sans doute, quand ces doctes restitutions arrivaient à leur heure, Ferron se hâtait d'en faire son profit, et il agissait sagement de prendre ainsi sans façon ce que lui offrait si cordialement son collègue. Ce qui en reste permet de se faire une idée du travail fourni au traducteur de Plutarque par le jeune et éminent helléniste. L'examen de ce fragment de commentaire suffit surtout pour qu'on puisse constater le mérite du philologue et la valeur de son œuvre. Ainsi que le note M. Dezeimeris (2), en publiant à nouveau les remarques de La Boétie avec un commentaire qui les rend plus

(1) Voir ci-dessous APPENDICE V.
(2) Dans les *Publications de la Société des Bibliophiles de Guyenne*, t. I, (Bordeaux, 1868, in-8°) pp. 81-161.

précieuses encore , de semblables travaux étaient plus mé-
ritoires au XVIᵉ siècle qu'on ne le croirait tout d'abord. Ils
supposent une grande somme d'érudition et de lectures et
chaque esprit était à lui-même le propre auteur de sa science.
On ne possédait point alors les lexiques et les gloses qui
depuis ont singulièrement facilité ces sortes de recherches.
Les textes étaient plus que jamais remplis de lacunes, d'erreurs et d'interpolations. Quelle méthode sûre et quel jugement droit ne fallait-il pas avoir pour parvenir ainsi à un
résultat satisfaisant ? Telles étaient les qualités maîtresses de
La Boétie, et, en constatant maintenant l'ingéniosité de ses
conjectures, on ne peut que souscrire à l'éloge flatteur
qu'Arnauld de Ferron, bien placé pour le juger à l'œuvre
et sur des preuves que nous n'avons plus, décernait à son
collaborateur (1), qu'il appelait « un homme vraiment attique
et le second Budé de son siècle ».

Quelque honorable qu'elle fut par elle-même, cette besogne n'était qu'une préparation. La Boétie voulut lui aussi
tenter de faire passer en français quelques uns des petits
traités de Plutarque. Il en traduisit deux. L'un, *les Règles
de mariage*, avait eu un succès particulier à cette époque.
En moins de trente ans, de 1535 à 1571, date de la publication des traductions d'Amyot et de La Boétie, l'opuscule
de Plutarque fut tourné cinq fois en langage commun (2).

(1) A la fin même des annotations que La Boétie lui avait adressées
sur le traité *de l'Amour.*

(2) Par Jean Lode (Paris, 1535, 1536, 1545), par un anonyme qui
l'ajoute à la traduction d'un dialogue italien de Sperone (Lyon, 1546,
Paris, 1548), en vers par Jean de La Tapie (Paris, 1559), par le poète
dramatique J. Grevin (Paris, 1558) et par Jean de Marconville (Paris,
1564, 1565, 1570 et 1571).

On le mit même «en rythme françoise», sans doute pour rendre les préceptes qu'il contenait plus aisés à retenir, et quelques-unes des versions en prose, — celles de Jean Lode et Jean de Marconville, — eurent jusqu'à trois et quatre éditions. Le tableau que fait Plutarque de la fidélité conjugale méritait assurément d'être aussi goûté. La Boétie a su laisser à cet aimable dialogue le charme de langage qui le caractérise dans l'original, et reproduire sans les affaiblir les conseils que donne aux jeunes époux le philosophe de Chéronée (1). Le second des opuscules de Plutarque que La Boétie voulut traduire est d'un attrait plus sévère : c'est la lettre de consolation que Plutarque écrivit à sa femme après la perte de leur fille au berceau. Là encore, La Boétie ne s'est point trouvé inférieur à son entreprise. On sent poindre, dans sa prose émue, la douleur au père et la résignation du philosophe, qui se soumet simplement et dignement au malheur qui le frappe.

Comme on le voit, La Boétie avait beaucoup pratiqué Plutarque. Ainsi que Montaigne, il aimait son attrayante sagesse, qu'il avait plus approfondie encore que Montaigne. Maintes fois il le cite, au cours de la *Servitude volontaire*, et toujours les préceptes du penseur grec sont traduits avec une exactitude, avec un bonheur d'expression qui

(1) Ce petit traité n'a été traduit que deux fois séparément depuis La Boétie. — *Manuel des époux ou maximes de conduite dans le mariage, traité de Plutarque traduit par M****. *Londres et Paris*, 1774, (Avec un *Précis de ce qui s'observait dans les mariages des Grecs et des Romains)*. In-18 de 96 pp. — *Les préceptes de mariage, traduits du grec de Plutarque par le Dr L. Seraine*. 4e édition suivie d'un *Essai sur l'idéal de l'amour, du mariage et de la famille*, revue, corrigée et augmentée. Paris, 1871, in-32 de 182 pp.

montrent l'érudition et le goût de La Boétie (1). Ce qu'il a essayé d'en faire passer dans notre langue a été rendu avec une consciencieuse élégance qui lui permet de figurer sans désavantage à côté des traductions mêmes d'Amyot. Assurément il ne peut venir à la pensée de personne de mettre en parallèle le mérite des deux tâches et d'en comparer la valeur : elles sont hors de proportions. Mais si l'on rapproche les deux courts traités de Plutarque traduits par La Boétie de la version donnée par Amyot, on peut voir que cette traduction du jeune helléniste balance souvent celle d'Amyot par des qualités sérieuses et personnelles. Un critique qui a beaucoup étudié Amyot et qui l'a fait surtout au point de vue qui nous occupe, Auguste de Blignières, reconnaît qu'Amyot garde toujours une originalité supérieure de style. « La Boétie est moins égal ; il n'a pas cette lucidité de diction qui jette un jour heureux sur toutes les parties de la pensée, il n'a pas ce charme exquis du naturel, cette vive netteté du coloris, cette douce teinte de bonhomie et de sensibilité dans le style, qui donnent un prix infini à la traduction de son rival (2) ».

Ceci est exact de tous points, mais il est juste d'indiquer à côté, plus amplement qu'on ne l'a fait, les points sur lesquels La Boétie l'emporte. Moins abondant qu'Amyot, La Boétie est un interprète plus précis et suit de plus près l'ori-

(1) L. Feugère a eu tort d'écrire (p. 17 de son étude) que La Boétie emprunte la traduction d'Amyot pour les passages de Plutarque qu'il cite dans la *Servitude volontaire*. Cela n'est pas exact ; la traduction des *Œuvres morales* par Amyot ne parut pour la première fois qu'en 1572, c'est-à-dire près de dix ans après la mort de La Boétie.

(2) Aug. de Blignières, *Essai sur Amyot et les traducteurs français du XVI⁰ siècle*, Paris, 1851, in-8⁰, p. 216.

ginal. Par la nature même de son ouvrage, Amyot, trans-
portant Plutarque en français pour le rendre accessible au
plus grand nombre, essayait avant tout de faire comprendre
son auteur: il ne pouvait s'arrêter à toutes les ressources de
style, à copier des détails qui eussent surchargé sa besogne
sans l'éclairer. Il fallait plutôt songer à donner des écrits
de Plutarque un ensemble harmonieusement établi, où
toutes les qualités vinssent dans leur ordre tenir le rang
qu'elles devaient occuper. Sa traduction était un édifice de
proportions régulières et bien établies qu'Amyot éleva avec
une conscience jalouse. Plus philologue par instinct, La
Boétie au contraire cherchait à reproduire la prose de Plutarque avec une scrupuleuse exactitude qui n'excluait pas
l'élégance. Il possédait par dessus tout la connaissance de
la langue, et le sentiment de la phrase grecques. Il avait
autant approfondi la syntaxe de l'une que le génie de l'autre.
Et quand son érudition si solide, sa critique si pénétrante
et si avisée l'amenait à découvrir le vrai sens caché d'un
auteur mal édité, avec quelle précision patiente ne cherchait-il pas à rendre toutes les nuances d'une période dont
il comprenait jusqu'aux moindres finesses (1)? On trouve
ainsi, dans les quelques pages de Plutarque traduites par
lui, des traces nombreuses de l'effort méritoire tenté par
La Boétie pour faire sentir dans sa prose le jeu toujours
délicat des particules grecques. Au contraire, les notes sur

(1) M. Feugère indique (p. 3o1 de son édition) une correction fort
heureuse apportée par La Boétie au texte des *Règles de mariage*.
M. Dezeimeris signale en outre (*Publications des Bibliophiles de
Guyenne*, t. I, p. 3o1) les efforts du traducteur pour rendre scrupuleusement le jeu même des particules grecques. Il serait facile de
multiplier les exemples.

le traité *de l'Amour* nous ont montré les soins apportés à l'établissement du texte même. Nous assistons au travail de préparation intime du philologue et nous savons que cette besogne était féconde, car on y trouve bien des corrections nouvelles que les manuscrits ont justifiées depuis, beaucoup d'intelligentes remarques dont les commentateurs plus récents se sont emparés, sans nommer La Boétie.

Une traduction du dialogue de Xénophon *sur l'Economie*, qu'il appelle heureusement *la Mesnagerie,* clot dignement la série des traductions grecques de La Boétie, puisqu'il est maintenant démontré que la traduction de l'*Economique* d'Aristote n'a été rangée sous son nom que par une supercherie de libraire (1). Cette traduction de la *Mesnagerie* de Xénophon est aussi la plus importante par sa longueur comme la plus digne d'être relue à cause de ses nombreux mérites. L'ouvrage, il est vrai, était digne à tous égards que le jeune érudit y appliquât sa science et ses soins. Retiré après la bataille de Coronée, — cette grande faute de son existence, — dans un domaine qu'il avait obtenu de Lacédémone, grâce à l'influence d'Agésilas, à Scillonte, près d'Olympie, Xénophon y vivait au milieu des siens de la vie des champs. Après les agitations des temps passés, il se laissait aller au charme de la retraite et du repos; chaque jour il était séduit davantage par les joies rustiques, et c'est là qu'il composait son dialogue de l'*Economique*, ce monument si simple, si délicat, si plein de finesse et de grâce élevé au bonheur domestique. Ce sont les sentiments qui débordent de son âme qu'il met dans la bouche de Socrate,

(1) Voir Appendice VI.

et il donne à un personnage imaginaire, Ischomaque, fort
au courant des choses de l'agriculture et amoureux de cet
art, le résultat de sa propre expérience et de ses observations.
Il en résulte un accent de conviction réelle et, sous les paroles
de l'interlocuteur, on sent la chaleur communicative de
l'écrivain.

On sait quel charme pénétrant s'exhale du récit de l'existence rustique, quel joli tableau du séjour et des travaux des
champs Xénophon a su nous tracer. Son *Economique* est un
hymne à la campagne, mais un hymne à la fois enthousiaste
et pratique. Xénophon n'aime pas la nature en épicurien
lettré comme Horace, en poète mélancolique comme Virgile,
qui pratiqua beaucoup son livre et qui se souvient. Xénophon
est un père de famille au bon sens droit, plein de raison,
d'une raison qui n'a rien de froid ni de sévère, une raison
souriante et indulgente, athénienne et socratique, comme
on l'a dit (1), à la fois gracieuse et aimable. Il aime les
champs parce que l'esprit et le corps y trouvent en même
temps la santé et la joie, parce que la vie y est utile et active
et que cette activité suffit à l'embellir et à la rendre heureuse.
Moraliste honnête, Xénophon sait tirer de tout cela des
exemples salutaires et des encouragements précieux. Son
esprit clair, lucide, ennemi du pédantisme, excelle à retracer
la vraie physionomie de ce bonheur tempéré, comme il aime
à simplifier les connaissances nécessaires à l'agriculteur
maître de maison. Avec l'activité, la prévoyance, le sens
pratique, l'amour du travail et de l'ordre, les succès arrivent

_____

(1) Alfred Croiset, *Xénophon, son caractère et son talent.* 1873,
in-8°, p. 169.

nombreux et mérités. Si à ces qualités l'homme des champs ajoute l'humanité et la douceur, exempte de faiblesse, la vertu de commander par l'ascendant de son exemple et la droiture de son caractère, il sera le type accompli du père de famille tel que Xénophon le souhaite et tel qu'il a voulu nous en donner le modèle dans Ischomaque.

Faut-il s'étonner, après cela, de l'affection que l'antiquité tout entière portait à ce traité de Xénophon ? Nous l'avons déjà dit, Virgile le lisait avec plaisir et profit, comme l'indique mainte heureuse réminiscence des *Géorgiques*, et Cicéron, formé à l'école des Grecs, ne manqua pas de traduire cet ouvrage. La Renaissance, dans son besoin de pénétrer en tous sens le génie antique, n'avait point négligé cette partie de la culture hellénique ; il semble au contraire qu'elle fut plus particulièrement attirée de ce côté-ci. Le XVIe siècle était le temps des premiers essais d'économie domestique en France. Sous l'influence salutaire des chanceliers Olivier et L'Hospital, on s'était mis à étudier *le ménage des champs,* comme on disait alors, et il était juste que le charmant traité de Xénophon, retrouvât, après plus de quinze siècles, le même bienveillant accueil que l'antiquité lui avait fait jadis. Si nos pères aimaient l'agriculture, l'idéal de l'honnête homme qu'ils s'étaient formé à ce contact avait plus d'un caractère commun avec l'idéal propre à Xénophon. Comme lui, ils aimaient la vertu facile, aimable, cette sagesse enjouée faite de la modération des besoins et de l'honnêteté des désirs, que Xénophon avait prêchée et qu'il affirmait se rencontrer surtout à la campagne, dans un milieu paisible et sain.

De 1516 à 1561, c'est-è-dire depuis qu'il avait vu le jour pour la première fois jusqu'à la célèbre publication d'Henri

Estienne, Xénophon eut huit éditions grecques de ses œuvres complètes (1). A cela il faut joindre trois éditions partielles de l'*Economique,* dont deux furent imprimées à Paris (2). Le succès de ce livre était donc très réel. La Boétie en fut le premier traducteur français. Il est vrai d'ajouter qu'une traduction faite sur le latin par Mᵉ Geofroy Tory de Bourges avait été précédemment publiée par lui en 1531 (3). De plus, une autre traduction de François de Ferris, médecin de Toulouse, porte la date de 1562 (4), ce qui en rend la publication antérieure de près de dix ans à celle de La Boétie, mais il demeure certain néanmoins que la traduction de La Boétie avait été composée avant celle-ci. Sans aucun doute, La Boétie est demeuré le traducteur le plus renommé de l'*Economique* de Xénophon (5). Indépendamment de sa

(1) La première parut chez Philippe Junte à Florence (1516, in-fᵒ) et la seconde à Venise chez Alde et André Asulan (1525, in-folio). Plus correcte que la première, celle-ci servit à une réimpression parue à Florence en 1527, in-folio.

(2) La première parut en 1535, in-4ᵒ, chez Jean-Louis Tiletan (ou de Tielt en Gueldre) et la seconde chez Jacques Bogard, 1544, également in-4ᵒ.

(3) *Economie de Xénophon. C'est-à-dire, Domestiques Institutions et Enseignemens pour bien regir sa famille et augmenter son bien particulier. Jadis composé en Grec par l'ancien autheur Xénophon et translaté de Grec et Latin en langaige françois par Maistre Geofroy Tory de Bourges.* Paris, 1531, pet. in-8ᵒ. — Quelques exemplaires portent un titre différend.

(4) *Le Mesnagier de Xénophon, plus un discours de l'excellence du même autheur à monseigneur Paul de Termes, maréchal de France.* Paris, Vincent Sertenas, 1562, in-8ᵒ de 84 ff. — Le privilège est daté du 22 novembre 1561 et la préface signée F. de Ferris.

(5) Deux traductions de l'*Economique* ont été publiées séparément, postérieurement à celle de La Boétie : l'une au XVIIIᵉ siècle, par Ph.

constante préoccupation de la fidélité et de la précision, sa
version méritait de n'être point oubliée à cause de ses qualités évidentes. C'est elle qui reproduit le plus heureusement
les grâces particulières à l'original. En passant ainsi d'une
langue dans l'autre, l'attrait s'est amoindri assurément; il
est cependant assez grand encore pour qu'on relise ces pages
avec plaisir même de nos jours. Dans la copie de La Boétie
les traits principaux du tableau sont demeurés intacts. Seul
le style est trop souvent lâche et traînant, un peu diffus par
suite des efforts de l'écrivain, pourtant il garde, suivant une
expression heureuse, « ce coloris discret et cette touche
qui sont le charme de l'atticisme au temps de sa perfection
classique ». A peine serait-il besoin de quelques retouches,
faites avec retenue, pour rendre à cette copie toute sa saveur
première, comme il suffirait de quelques corrections philologiques pour la mettre au courant de la science moderne.
Le reproche le plus important qu'un juge compétent en ces
matières, M. Egger (1), adresse à La Boétie concerne la
difficulté avec laquelle le traducteur se résout à transcrire
les mots techniques. La remarque est juste, mais faut-il s'en
étonner? La langue française n'était pas encore parvenue à
un degré suffisant de précision savante, et pour ce motif,
l'extrême rigueur scientifique n'était pas de mise alors. La
phrase n'avait pas encore cette netteté qu'elle devait acquérir
plus tard. Nul écrivain, — Rabelais et Montaigne exceptés,
—n'était maître de la syntaxe et du vocabulaire et Amyot

Dumas (Paris, 1768, in-12); l'autre, plus récente, date de vingt-cinq
ans seulement (*Economie domestique et rurale par Xénophon, traduction nouvelle d'après le texte grec par V. B.* Grenoble. 1863, in-18).
(1) Emile Egger. *L'Hellénisme en France*, t. I, p. 267.

lui-même, malgré tout son talent, en offre bien souvent la preuve.

Moins heureux que Plutarque, Xénophon ne trouva point, au XVIe siècle, un traducteur qui s'attachât à donner en français le recueil complet de ses œuvres. Montaigne « résignait » cette tâche à la vieillesse d'Amyot, comme plus aisée et plus appropriée à cet âge (1). Le grand traducteur ne mit pas ce projet à exécution, et il ne nous reste, dans la langue de l'époque, qu'une série de traductions particulières d'ouvrages séparés, qui nous donnent, à la vérité, la physionomie presque complète de l'aimable penseur, mais auxquelles il manque un lien d'unité. Ces différentes traductions partielles furent réunies (2), au commencement du siècle suivant, par un compilateur qui devait être sans doute Simon Goulard (3), que nous avons mentionné déjà à l'occasion de la publication du *Contr'un*. Ainsi rapprochées, ces pièces formèrent un volume publié par l'imprimeur génevois Pyramus de Candole (4). Le collecteur déclare

(1) *Essais*, liv. II, ch. 4.

(2) *Les œuvres de Xénophon, doctes philosophe et valeureux capitaine athénien. Nouvellement traduite en français, recueillies toutes en un volume, et dédiées au Roy, par Pyramus de Candole.* A Cologny, par Pierre Aubert, pour la Société Caldorienne. 1613, in-folio. — L'*Economique*, qui occupe les pages 611-652, est imprimé comme cinquième livre des *Mémorables*.

(3) C'est ce que font supposer les lettres S. G. S. *(Simon Goulard, Senlisien)* du privilège, daté du 5 octobre 1612. Goulard a signé ainsi quelques unes de ses nombreuses publications.

(4) L'établissement typographique. que Pyramus de Candole avait dénommé « Société Helvétiale Caldorienne ou Caldoresque », était établi alors à Cologny, près de Genève. Plus tard, en 1616, lorsque Pyramus de Candole transporta son imprimerie à Yverdon, il donna

que ses prédécesseurs sont « dignes de louange », et il ne cache point qu'il les a « suivis en leur version », changeant seulement ce qu'il jugeait convenable. Pour La Boétie, dont la traduction de *l'Economique* a été reproduite, le style en a été maladroitement rajeuni et parfois au détriment de l'exactitude. En somme, Xénophon méritait un plus solennel hommage et ses traducteurs avaient droit à de plus habiles égards.

Les opuscules poétiques de La Boétie sont moins importants à considérer que ses traductions, surtout si l'on s'en tient uniquement à ses vers français. A peine sont-ils « dix ou douze » dans le modeste petit recueil de 1571, et pourtant Montaigne a rassemblé « vert et sec tout ce qui lui est venu entre mains, sans choix et sans triage ». Il voulait les imprimer en même temps que les autres productions de son ami, mais les critiques qu'il consulta sans doute auparavant crurent ces vers trop imparfaits, et la publication en fut « différée après le reste de ses œuvres, sous couleur de ce que, par delà (au delà de la Loire), on ne les trouvoit pas assez limez pour estre mis en lumière » (1). Peut-être alors Montaigne, en homme avisé, leur donna-t-il ce dernier coup de lime, dont ils manquaient aux yeux des délicats. La fraude

une édition nouvelle de Xénophon (Yverdon, 1619, in-8°). La Boétie y occupe les pages 964-1030.

(1) Le titre même du recueil des opuscules de La Boétie annonce les vers français, qui ne s'y trouvent point. L'impression n'en fut cependant pas beaucoup retardée. L'achevé d'imprimer des traductions et des vers latins est daté du 24 novembre 1570 et le permis du 28 octobre de la même année. La préface mise par Montaigne aux vers français est du 1er septembre 1570 et nous savons que ceux-ci virent le jour dès 1571. Vide infrà, *Index bibliographique.*

serait trop pieuse pour qu'il soit possible d'en vouloir beaucoup à son auteur; elle n'en est pas moins très plausible. Six des sonnets imprimés par Montaigne sont arrivés jusqu'à nous par un autre chemin. Jean-Antoine de Baïf, qui connaissait La Boétie bien avant Montaigne, les a insérés, en 1572, au second livre de ses *Diverses amours*, c'est-à-dire au milieu de pièces qui n'avaient pas vu le jour jusque là, mais qui dataient pour la plupart de sa jeunesse (1). Ils lui avaient été communiqués apparemment par La Boétie lui-même et longtemps il les garda par devers lui. L'apparition du petit volume publié par Montaigne en 1571 raviva-t-elle, dans l'âme du poète, le souvenir de l'ami absent ? Toujours est-il, qu'en faisant son propre examen de conscience littéraire, il inséra au premier volume de ses *Euvres en rime*, dont il préparait une édition complète, les six sonnets du jeune conseiller enlevé aux lettres si prématurément. Ces six sonnets se rattachent étroitement à la publication même de Montaigne ; ce sont seulement des rédactions extrêmement différentes de quelques-uns de ceux qu'il a donnés. Le sujet est le même, mais la forme a subi, dans le texte de Montaigne des corrections qui, si elles sont de La Boétie, prouvent que son goût s'affinait de jour en jour. Il est plus vraisemblable que ces améliorations ont été introduites par la main de

(2) *Euvres en rime de Jan-Antoine de Baïf, secrétaire de la Chambre du Roy*. A Paris, pour Lucas Breyer, 1572, in-8° *(Second livre des diverses amours*, ff. 196-197). La présence de ces sonnets est signalée par M. Becq de Fouquières (*Poésies choisies de J. A. de Baïf*, 1874, in-12, p. 184, note 1) et ils ont été intégralement reproduits par M. Marty-Laveaux en note de son édition nouvelle de Baïf, dans sa collection de *la Pléiade française* (1882, in-8°, t. I, p. 412).

Montaigne. Ami des premières années, Baïf dut recevoir la
confidence des essais poétiques de La Boétie, et c'est à ce
titre qu'il avait accueilli les six sonnets publiés plus tard par
lui; la composition, un peu mêlée, du recueil dans lequel
ils sont insérés semble confirmer encore cette explication.
Au contraire, Montaigne redoutait que des vers, qui
n'avaient point séduit les juges difficiles et que son bon goût
désapprouvait peut-être un peu aussi, au fond du cœur, ne
nuisissent à la renommée de celui qu'il voulait voir honoré
en tous temps. « La postérité le croyra si bon luy semble ;
mais je luy jure, sur tout ce que j'ay de conscience, l'avoir
sçeu et veu tel, tout considéré, qu'à peine par souhait et imagination pouvois je monter au delà, tant s'en faut que je luy
donne beaucoup de compaignons ». Il élargit le débat, et
change les reproches adressés à La Boétie en attaques qui
atteignent tous les écrivains de la région. Pour ce motif res-
pectable, il use des moyens qui sont en son pouvoir, afin
d'éviter ce suprême dédain à l'ami absent, et il corrige ce
qu'il croit nuisible à une renommée littéraire dont il demeure
le défenseur. Le rapprochement des deux textes serait curieux: de cette confrontation surgiraient bien des remarques
philologiques qui confirmeraient peut être notre opinion. Il
serait trop long de les faire ici; nous ne pouvons qu'indiquer ce petit problème et la solution qu'il paraît comporter.

Le modeste recueil des poésies françaises de La Boétie
s'ouvre par la traduction des plaintes de Bradamante tirées
du XXXIIe chant de l'Arioste. *L'Orlando furioso* était alors
le poème le plus populaire de l'Europe. Depuis 1516, date
à laquelle parurent à Ferrare les quarante premiers chants,
les éditions italiennes s'étaient succédées avec une surpré-

nante rapidité, que l'adjonction de six derniers chants en
1532 n'avait fait qu'accroître. Cette brillante épopée ne
tarda pas à être traduite en français. Dès 1543 paraissait à
Lyon une traduction complète en prose qui eut presque
autant de succès que la publication italienne. Plusieurs fois
on la réimprima en peu de temps, et les poètes eux aussi se
mirent à traduire et imitèrent à l'envi le chef-d'œuvre de
l'Arioste. La liste de ces adaptations françaises serait longue
à dresser, car chacun tenait à honneur de redire quelqu'un
des séduisants épisodes du poème italien. Celui que La Boétie choisit est un des plus célèbres et en le choisissant il a
fait preuve de goût. « Ce sont, dit L. Feugère (1), les plaintes
de Bradamante, lorsqu'en proie à d'inconsolables regrets, elle
redemande son cher Roger ; ce sont les accents enflammés que
la jalousie fait sortir du fond de son cœur : jamais la passion
n'a parlé un langage plus véhément et plus énergique. Par
la vérité des couleurs, par la vivacité des traits que lui
suggère sa souple et puissante imagination, l'Arioste, dans
ce tableau d'une âme agitée des plus fougueux mouvements, se place au niveau des grands peintres de l'antiquité.
Euripide, Apollonius et Théocrite ; Catulle, Virgile et Ovide
n'ont pas prêté plus d'éloquence aux douleurs touchantes de
la tendresse qui s'alarme, aux fureurs de l'amour désespéré. »
La Boétie a-t-il su rendre d'aussi brillantes couleurs ? Elles

(1) *Caractères et portraits littéraires du XVI° siècle*, t. I. p. 45. —
La Boétie a traduit les trente premiers huitains du chant XXXII.
M. Feugère a eu tort d'écrire (p. 473 de son édition) que le poète
Guillaume Du Peyrat avait traduit plus tard en vers le même épisode
que La Boétie. Les regrets de Bradamante traduits par Du Peyrat
sont tirés du chant XLIV et se trouvent imprimés dans ses *Essais
poétiques* (Tours, 1593, in-12, ff. 103-107).

sont fort ternies, dans la copie française. En vain le traducteur a-t-il modelé sa verve sur celle de l'Arioste et partagé sa
poésie en stances de vers de dix syllabes, ainsi que dans l'o-
riginal italien. La vigoureuse concision du vers italien y fait
absolument défaut. Emporté par l'abondance d'une langue
qui n'avait pas encore atteint son complet développement,
La Boétie n'a pu exprimer ni la magie des images ni l'harmonie du style et son infructueuse tentative ne saurait donner
l'idée des qualités si nombreuses du poète avec lequel il
essayait de lutter.

Au reste, cette besogne secondaire du traducteur ne
séduisait guère La Boétie:

> Car à tourner d'une langue étrangère
> La peine est grande et la gloire est légère (1).

Les mécomptes y sont trop nombreux; il les décrit dans la
dédicace en vers de ce morceau, qu'il adresse à Marguerite
de Carle.

> Le traducteur ne donne a son ouvrage
> Rien qui soit sien que le simple langage :
> Que mainte nuict dessus le livre il songe,
> Que depité les ongles il s'en ronge;
> Qu'un vers rebelle il ait cent fois changé
> Et en trassant, le papier oultragé ;
> Qu'il perde après mainte bonne journée,
> C'est mesme corps, mais la robe est tournée:

(1) Ces deux vers sont cités par Florimond de Raymond dans l'épître
dédicatoire de sa traduction du *De coronâ militis* de Tertullien (Bordeaux, Millanges, 1594, in-8°). Comme le remarque M. Tamizey de
Larroque *(Essai sur la vie et les ouvrages de Florimond de Raymond,*
1867, in-8°, p. 70), Viollet-le-Duc, qui s'étonne (*Bibliothèque poétique,*
p. 231) de n'avoir vu ces vers cités nulle part, avait eu le tort de ne
pas lire les ouvrages de Florimond de Raymond.

> Toujours vers soy l'autheur la gloire ameine,
> Et le tourneur n'en retient que la peine (1).

L'évènement a donné raison à La Boétie et cette pièce d'envoi est de beaucoup préférable à la traduction qu'elle accompagne. Un ton facile et enjoué règne dans ces vers naturels et vrais, et leur assigne un rang fort honorable entre les productions poétiques du XVIe siècle. Il en est de même chaque fois que La Boétie s'abandonne à ses qualités personnelles, quand son inspiration sait demeurer dans une juste mesure. L'aisance du tour, la délicatesse de la pensée, les réminiscences heureuses et les gracieuses comparaisons montrent alors combien le talent de La Boétie était propre à la poésie légère. Ce sentiment se dégage également d'une pièce de vers que La Boétie a intitulée *Chanson*, mais qu'on pourrait plus justement appeler *Elégie*. D'une forme un peu confuse, d'un style parfois pénible, elle témoigne un grand souci des règles poétiques, notamment de la régularité du mètre et de l'alternance des rimes, que Ronsard commençait à imposer. Par la nature du sujet si elle se rapproche du goût régnant, quelques traits charmants la signalent aux regards. Par

(1) On cite encore une strophe assez gracieuse de la même pièce :

> Ainsi voit l'on en un ruisseau coulant,
> Sans fin l'une eau après l'autre coulant ;
> Et tout de rang d'un éternel conduit,
> L'une suit l'autre, et l'une l'autre fuit ;
> Par ceste-cy celle-là est poussée,
> Et ceste-cy par une autre avancée :
> Tousjours l'eau va dans l'eau, et toujours est-ce
> Meme ruisseau, et toujours eau diverse.

Ces vers sont cités par Montaigne avec quelques variantes *(Essais*, liv. III, ch. 13). C'est apparemment là que les a pris Guillaume Bouchet, qui les insére à son tour dans la neuvième de ses *Serées* (Edition Roybet, Paris, 1873, t. II, p. 129).

endroits la grâce de l'image s'y allie heureusement à l'harmonie du rythme, comme dans la strophe qui suit :

> Les vents aux bords tant de vagues n'amènent,
> Lorsque l'hyver est le maistre de l'eau,
> Comme de flots dans ton cœur se promènent.
> L'automne abbat moins de feuilles aux plaines,
> Moins en refait le plaisant renouveau,
> Que tu desfais et fais d'amours soudaines.

En prenant cette comparaison à l'antiquité, La Boétie a su
la rajeunir et lui donner une poésie pleine d'une fraîcheur
nouvelle.

Le recueil s'achève par une suite de ving-cinq sonnets, qui
forment sans contredit la portion la plus personnelle et la
plus importante des poésies de La Boétie (1). Apporté
d'Italie en France, le goût de ce petit poème était alors
prédominant. Il n'est donc pas étonnant que La Boétie

(1) Nous ne possédons pas tous les vers que La Boétie composa.
Montaigne nous apprend, dans son avertissement au lecteur, que son
ami « avoit fait force autres vers latins et françois », dont quelques
uns portaient le titre de *Gironde*, et lui-même en entendit réciter
de « riches lopins ». Montaigne ajoute : « Mesmes celuy qui a escrit les
Antiquitez de Bourges en allègue que je recognoy : mais je ne sçay que
tout cela est devenu, non plus que ces Poemes grecs ». Nous ignorons à quel ouvrage Montaigne fait ici allusion. Voudrait-il parler,
comme le croit M. Feugère, d'Elie Vinet, auteur de l'*Antiquité de
Bourg*, — et non de Bourges, ainsi que le ferait dire à Montaigne une
erreur typographique ? La chose semble difficile, l'*Antiquité de Bourg*
n'ayant été publiée qu'en 1574, à la suite de l'*Antiquité de Bourdeaus*
du même Elie Vinet (Bordeaux, S. Millanges, 1574, in-4°, 8°. § 110). Les
vers cités de La Boétie étaient-ils français ou latins ? Par contre, nous
lisons dans un volume de Florimond de Raymond (*L'Ante-Christ*,
Paris, 1607, in-8°, p. 300) : « Estienne de La Boétie, jadis l'ornement
de notre Sénat, avoit dit mieux que tout autre, car on dit que ces
vers sont à luy :

l'ait cultivé, ainsi que la plus grande partie de ses contemporains. D'ailleurs, la forme étroite du sonnet, sa sévérité d'allure devaient plaire à un esprit aussi net que le sien. Montaigne trouve ceux-ci « autant charnus, pleins et moëlleux qu'il s'en soit encore vu dans notre langue ». Si la mollesse y fait un peu défaut, il me semble que ces petites productions sont en effet singulièrement « pleines et charnues ». Destinées à chanter l'amour de La Boétie pour celle qui allait devenir sa femme, elles retracent les émotions successives, les mille petits drames de la passion.

Il en est de même des vingt-neuf autres sonnets que Montaigne inséra plus tard dans les *Essais*, aux lieu et place de la *Servitude volontaire*. Ceux-ci sont ceux que le sieur de Poyferré (1) « homme d'affaires et d'entendement », qui connaissait La Boétie bien avant Montaigne, retrouva « par fortune chez luy, parmy d'autres papiers, » ce qui

> « Le premier coing duquel l'or fut battu
> En battant l'or abattit la vertu ».

Ces deux vers ne se trouvent point dans les poésies publiées; s'ils appartiennent véritablement à La Boétie, ils font sans doute partie d'une des pièces dont parle Montaigne, et qui ont été perdues.

(1) Je n'ai pu identifier absolument ce sieur de Poiferré ou Poyferré. Grâce à l'obligeante indication de M. Léo Drouyn, j'ai consulté, à la bibliothèque de Bordeaux, des lettres royaux du 3 juin 1587 provenant des archives du château de la Trène, en faveur de M. Jean de Poyferré, avocat au Parlement de Bordeaux, et Nicolas de Poyferré, procureur en la dite cour, cautions de Menault de Chegaray, fermier de la bourse commune des marchands de Bordeaux, qui avait vendu une maison à M⁰ Florimond de Raymond, conseiller au dit Parlement, contre le dit de Chegaray, qui n'avait pas mis le dit Raymond en jouissance de cette maison. C'est apparemment à l'un de ces deux Poyferré, l'avocat ou le procureur, que Montaigne fait allusion dans ce passage.

explique leur apparition tardive. En les publiant, Montaigne les dédiait à la belle Corisandre d'Andouins (1), et les faisait précéder de piquants renseignements. Ils avaient été produits « en la même saison » que *le Contr'un* et La Boétie les avait faits « en sa plus verte jeunesse, eschauffé d'une belle et noble ardeur », que Montaigne promettait de dire un jour à l'oreille de Corisandre. Pour ce motif, Montaigne les affectionnait particulièrement : il les trouve « gaillards, enjoués..., vifs, bouillants », et n'hésite pas à les préférer à ceux qu'il avait précédemment publiés. Composés par La Boétie en l'honneur de sa femme, ces derniers sentent déjà, au dire de Montaigne, « je ne scay quelle froideur maritale ». C'en était assez pour plaire moins à l'esprit de Montaigne, car il était de ceux « qui tiennent que la poésie ne rid point ailleurs comme elle faict en un subjet folatre et desréglé ». Ainsi que les vingt-cinq sonnets du premier recueil, les vingt-neuf sonnets nouveaux insérés dans les *Essais* redisent les joies et les douleurs d'une passion tumultueuse ; aux uns et aux autres ces vers d'un des plus beaux d'entr'eux pourraient servir d'épigraphe (2):

(1) Diane d'Andouins, dite *la belle Corisande* ou *Corisandre*, vicomtesse de Louvigny et dame de Lescun, fille unique de Paul d'Andouins, vicomte de Louvigny, et de Marguerite de Cauna, avait épousé, en 1567, Philibert de Gramont, comte de Guiche, gouverneur de Bayonne et sénéchal de Béarn, qui fut tué en 1580, au siège de La Fère. La passion du roi de Navarre pour la comtesse de Gramont succéda à ses amours avec Mademoiselle de Montmorency-Fosseux, vers 1581, et dura plus de dix ans.

(2) Sainte-Beuve, qui le cite en entier *(Nouveaux lundis*, t. IV, p. 308), estime que c'est le meilleur des 29 sonnets intercalés par Montaigne dans les *Essais* et souligne trois vers qu'il trouve très-beaux. Il rapproche ce sonnet, pour l'intensité de la passion, de ceux de

> Chacun sent son tourment et sçait ce qu'il endure;
> Chacun parla d'amour ainsi qu'il l'entendit.
> Je dis ce que mon cœur, ce que mon mal me dict.
> Que celuy ayme peu qui ayme à la mesure!

Ce sont en effet ses propres souffrances, leurs violences, leurs transports, que La Boétie y analyse et il le fait avec une vivacité de touche qui égale la variété de ses impressions.

Ces sonnets sont assez nombreux, pour qu'il puisse se dégager, de leur examen, une idée générale du talent poétique de leur auteur. La Boétie n'était pas poète, au sens ordinaire du mot. Il ne se livrait à la poésie ni par inspiration, ni par habitude, et n'en faisait qu'un délassement. De là, une certaine infériorité sur ses contemporains qu'on avait déjà notée de son temps. Il ne faut point cependant se montrer trop sévère pour ces essais. Quelques-uns sont de la prime jeunesse de La Boétie, c'est-à-dire composés un peu avant le mouvement de rénovation littéraire qui est demeuré le titre de gloire de la Pléiade. On doit savoir en tenir compte à leur auteur. Parfois aussi, dans ces vers trop peu harmonieux et qui manquent de personnalité, brillent tout-à-coup, comme un éclair dans un ciel gris, quelques vers d'une facture habile, d'un accent plus vrai. Là se montre et se reconnaît l'homme de talent: adonné à la poésie par manière de passe-temps, La Boétie n'a pas le coup d'aile puissant du véritable poète, ce coup d'aile qui l'emporte dans la nue; mais il a souvent quelque élan spontané qui l'élève assez haut au-dessus des versificateurs d'oc-

Louise Labé et le critique ajoute: « Mais, bon Dieu! que la prose de La Boétie est elle-même plus coulante que ses meilleurs vers! »

casion, et toujours ses sonnets sont d'une aimable décence d'expressions et d'images, qui les fait lire avec plaisir.

Une certaine indécision dans la forme, tel est le défaut le plus général et le plus apparent des vers français de La Boétie; mais tel n'est pas le reproche qu'on peut adresser à ses poésies latines. Dans celles-ci, au contraire, le mot est toujours propre et le langage sobre : on sent que l'auteur préférait manier le vers latin qu'écrire sa langue maternelle. C'est chose fréquente au XVIe siècle. Aussi emploie-t-il plus volontiers le latin, que son éducation lui avait rendu familier, et sait-il se mettre plus complètement dans ce nouveau tour de sa pensée. L'idée y garde un air d'aisance et de facilité, qu'elle ne conserve pas dans les vers français; elle est plus nette et atteint un degré de précision presque digne d'Horace. Il n'est donc pas surprenant que La Boétie ait été regardé comme l'un des plus remarquables poètes latins d'une époque qui en comptait cependant nombre de fort habiles (1). L'agrément et la variété de sa verve latine méritent certainement une semblable distinction. Ces petites pièces ont d'autre attrait pour nous que le charme de leur facilité : elles nous montrent assez profondément l'âme même de leur auteur. Les sonnets français de La Boétie ne sont inspirés que par l'amour et le célèbrent sous ses aspects divers. Les vers latins, au contraire, doivent leur naissance à des causes plus nombreuses; les évènements, les sentiments qui les produisirent sont plus différends et varièrent l'émotion (2). Tantôt La Boétie prend la plume pour accompagner de quelques

(1) Scévole de Sainte-Marthe, *Gallorum doctrinâ illustrium elogia.* Poitiers, 1602, liv. II, p. 128.

(2) En les analysant avec soin, M. Feugère a indiqué ce qu'on y peut

lignes l'envoi de livres à des amis, ou pour déplorer la mort
du duc de Guise ou celle de J.-C. Scaliger; tantôt ses vers
fustigent les poètes flatteurs et les mauvais médecins. Le
plus souvent il s'adresse à son ami Montaigne pour l'encou-
rager au bien, et ces hexamètres, en plus de leurs mérites
intrinsèques, ont pour nous l'avantage particulier de nous
ouvrir davantage les pensées intimes du jeune poète, de
nous faire pénétrer plus avant dans le secret d'une amitié
étroite que le temps a immortalisée.

trouver d'utiles renseignements; nous y renvoyons le lecteur *(Caractères et portraits littéraires du XVIe siècle*, t. I, p. 107-125).

IV.

L'AMITIÉ, suivant La Boétie, est un sentiment délicat dont sont capables seules les natures d'élite; les âmes corrompues et méchantes ne peuvent s'y hausser. « L'amitié, dit-il, c'est un nom sacré, c'est une chose sainte; elle ne se met jamais qu'entre gens de bien et ne se prend que par une mutuelle estime; elle s'entretient non tant par bienfaits que par la bonne vie. Ce qui rend un ami asseuré de l'autre, c'est la connoissance qu'il a de son intégrité : les respondens qu'il en a, c'est son bon naturel, la foi et la constance. Il n'i peut avoir d'amitié là où est la cruauté, là où est la déloiauté, là où est l'injustice; et entre les meschans, quand ils s'assemblent, c'est un complot, non pas une compaignie; ils ne s'entr'aiment pas, mais ils s'entre craignent; ils ne sont pas amis, mais ils sont complices (1). » Peut-on s'étonner, après un pareil langage, que le jeune homme qui parlait ainsi des affections du cœur demeurât toujours si sûr et si dévoué dans ses

(1) On rencontre encore dans ses sonnets ce beau vers inspiré par le même sentiment :

Aussi qu'est-il plus beau qu'une amitié fidèle ?

liaisons d'amitié? Que l'on rapproche ces quelques lignes des admirables pages de Montaigne sur ce même sentiment, et l'on aura bien vite le secret motif d'un lien si fort et si étroit que les siècles n'ont pu le rompre.

Mais ce qui n'a pas été assez dit et ce que l'on ignore communément, c'est que Montaigne ne fut pas le premier séduit par l'amitié de La Boétie. La chose est cependant importante et vaut la peine d'être notée, car le respect et l'admiration de Montaigne étaient si grands à l'égard de son ami qu'il les pousse jusqu'à l'apparence de l'illusion. Il parle de La Boétie avec une affection si enthousiaste, ce sceptique, railleur par nature, qu'on le soupçonne de s'être abusé et que nous accusons volontiers son esprit d'avoir été, pour une fois, la dupe de son cœur. Essayons de montrer qu'en parlant de la sorte, Montaigne n'a fait qu'exprimer, dans une large part, la pensée même de ses contemporains, et que son illusion, — s'il y a quelque illusion à croire un jeune homme aussi richement doué capable des plus nobles sentiments, — a été partagée par d'autres grands esprits de son temps.

Sur les bancs mêmes de l'école, dans ces premières années de la jeunesse où les amitiés sont à la fois si profondes et si spontanées, La Boétie sut lier avec ses condisciples de bonnes et franches relations. Nous avons dit quelle élite l'Université d'Orléans comptait alors dans son sein. Dans cette élite, il distingua les plus remarquables et noua ainsi d'amicales unions. Sans doute le souvenir de ces épanchements ne nous est pas parvenu tout entier. Nous avons gardé pourtant le nom d'un de ces amis de la première heure, non le moins célèbre assurément. Avant d'être théo-

logien et controversiste, Lambert Daneau, de Beaugency,
avait été un écolier remarquable de l'Université d'Orléans.
C'est là qu'il était venu étudier la jurisprudence, sous la
direction d'Anne Du Bourg; c'est là aussi qu'il prit son
grade de licencié, le 20 novembre 1557 (1). Il y fut donc
le contemporain de La Boétie. Entre eux s'établit vite un
commerce affectueux, car Daneau, comme La Boétie, étu-
diait avec autant d'ardeur la philologie que le droit. Dans la
banlieue d'Orléans, l'oncle maternel de Daneau, Antoine
Brachet, érudit et poète à ses heures, possédait un agréable
jardin orné de quinconces et de berceaux. Là, de jeunes
écoliers venaient souvent se réunir pour y discuter et y
agiter des questions de sciences ou de belles-lettres (2).
C'était une sorte d'académie champêtre et sans prétentions,
dont Daneau lui-même nous a laissé un croquis. La Boétie
en fit-il partie? Donna-t-il à cette société d'esprits ardents
et libéraux la primeur de sa *Servitude volontaire,* et ne
faudrait-il voir dans sa prose entraînante que l'écho prolongé de l'enseignement d'Anne Du Bourg?

Nous ne saurions le dire, et le seul témoignage de la

(1) Suivant M. de Félice, l'historien de Daneau, celui-ci vint
étudier à Orléans vers 1552, après un séjour de quatre à cinq ans à
Paris, et il resta quatre ans l'élève de Du Bourg. Après le départ
de son maître, il demeura quelques mois encore à Orléans pour y
prendre sa licence. Ces dates confirment les vers de La Boétie.

(2) Daneau parle de ce domaine et de ces réunions dans un dialogue
De jurisdictione omnium judicum, demeuré manuscrit et conservé à la
bibliothèque de Berne (collectiou Bongars, n° 284). Composé pour
honorer la mémoire d'Anne Du Bourg, peut-être ce dialogue ren-
ferme-t-il quelques renseignements sur le sujet qui nous occupe. Il
est mentionné par M. Jarry dans son étude sur Daniel (p. 55) et par
M. de Félice dans son étude sur Daneau (p. 273).

liaison de La Boétie avec Daneau est une pièce de trois distiques, qu'il lui adresse, et qui a été plus tard recueillie dans ses vers latins. « Lorsque je nie que tu sois jeune, tu me contredis, Daneau; mais tes paroles sérieuses trahissent un vieillard. Evite de parler. Ton langage réfléchi suppose les années, et ce qui prouve ta jeunesse te fait paraître vieux. Voilà ce que tu prouves bien: tes paroles se retournent contre toi. Prouve donc mal ce que tu veux bien prouver. » Si le sentiment est flatteur, le vers est trop recherché. L'afféterie de la pensée décèle un peu trop l'inexpérience de l'auteur. Qu'advint-il de ces belles inclinations en vieillissant? Qui sait? Converti par la constance de son maître Anne Du Bourg, qui le gagna au protestantisme, Daneau devint, dans la suite, un controversiste fougueux. Un abîme le séparait désormais de celui qui avait été le compagnon de ses études et de ses plaisirs délicats.

C'est aussi parmi les amis de la première heure qu'il faut compter Jean-Antoine de Baïf. La Boétie et lui se connurent jeunes encore et les vers de Baïf ne tardèrent pas à faire mention de cette liaison. Dès 1555, date à laquelle il publiait *les Quatre livres de l'amour de Francine* (1), Baïf adressait au nouveau conseiller au Parlement de Bordeaux un sonnet renfermé au second livre de ses poésies. C'était le premier témoignage d'une affection, qui survécut, nous l'avons vu, à La Boétie lui-même. Ces vers de Baïf ne

___

(1) *Quatre livres de l'amour de Francine* par Ian-Antoine de Baïf. A Paris chez André Wechel (la date est à la fin). Le sonnet à La Boétie se trouve au f° 36 v°. Il a été reproduit dans les *Euvres en rime* (Deuxième livre des *Amours de Francine*, f. 83, v°) et aussi par M. Marty-Laveaux (t. I. de son édition, p. 149).

nous donnent pas de détails sur les relations des deux poètes, mais il est probable qu'elles eurent sur La Boétie une influence notable. Sans nul doute, Baïf l'initia aux ambitions de la Pléiade. Dans un passage de la *Servitude volontaire*, La Boétie a dit quelle estime il portait aux novateurs de la jeune école, quel enthousiasme il nourrissait pour la poésie « faite toute à neuf par nostre Ronsard, nostre Baïf, nostre du Bellay ». Leur influence littéraire est palpable dans les écrits du jeune conseiller, et il est vraisemblable que celui-ci les a connus autrement que par la simple lecture de leurs œuvres.

Cela est certain pour Jean Dorat tout au moins. La Boétie le contredisait fort agréablement dans une réponse à la fois spirituelle et modérée, quand il justifiait en vers latins les mesures de Henri II pour asservir la magistrature (1); cela ne les empêchait pas d'être amis. Nous avons, parmi les vers latins, un distique qui prouve que La Boétie était admis dans l'intimité de Dorat. C'est une pensée philosophique inspirée par l'horloge de Marguerite de Laval, première femme de Dorat (2). L'horloge était habilement

(1) Voir les deux pièces intitulées *Joannis Aurati de Androgyno et Senatu semestri (Poemata*, f⁰ 117 ; Feugère, p. 411) et *Authoris responsio (Poem.*, f⁰ 117 , v⁰; Feugère, p. 417). A l'occasion de cette lutte, J.-C. Scaliger composait un quatrain trop flatteur pour La Boétie pour ne pas le citer ici (J.-C. Scaligeri *Poemata*, 1574, 1ᵉ partie, p. 203) :

BOETIANI IAMBUS FILIUS ANDROGYNI AURATINI

Non mirum Androgyni productum e semine fœtum
Utraque commodius semina juncta vigent.
Sed mirum e neutro (neutrum est hoc, quicquid utrumque est)
Tam fortem atque acrem prosiluisse virum.

(2) *In horologium Margaretæ Lavaliæ eâ arte compositum ut sabulum fluens videre nequeat (Poemata*, f⁰ 107 , v⁰; Feugère, p. 378).

13

construite et on ne voyait pas couler le sable qui la mettait
en mouvement: ainsi le temps passe sans qu'il y paraisse.
Le foyer de Dorat fut le premier asile de la Pléiade; on
n'ignore pas l'influence considérable que le savant helléniste
exerçait sur ses disciples, qui aimèrent toujours à se réunir
autour de lui. N'est-il pas très vraisemblable après cela,
que La Boétie, accueilli dans cette famille, dut y rencontrer
ceux qui en faisaient l'ornement et qui étaient alors les
gloires de la poésie française?

Les preuves matérielles nous manquent pour l'affirmer.
Nous ignorons notamment si La Boétie put de la sorte
approcher Ronsard, autour duquel rayonnait toute la jeunesse éclairée. Cela est très probable, car Ronsard conserva
jusqu'à la fin de sa vie les relations les plus étroites avec son
maître Dorat, et La Boétie portait à celui qu'on regardait
comme le prince des poètes une telle admiration, qu'elle dut
lui faire souhaiter de le connaître plus intimement que par
ses vers. La Boétie ne tolérait pas qu'on attaquât le grand
poète et ceux qui s'avisaient d'y toucher subissaient sa colère.
Témoin Gaillard de Lavie, son collègue au Parlement de
Bordeaux (1). Celui-ci était choqué des vers amoureux de
Ronsard, trop nombreux à son sens, et il s'était permis de
dire que le talent du poète serait mieux employé à chanter la

_____

(1) *In Lavianum qui Petrum Ronsardum monuerat ut non amplius
amores sed Dei laudes caneret* (*Poemata*, f° 107, Feugère, p. 375).
— Sans nul doute, il s'agit ici de Gaillard de Lavie, conseiller lay au
Parlement de Bordeaux depuis le 20 décembre 1540, et devenu conseiller clerc le 15 septembre 1555. Il entretint quelques relations avec
des littérateurs de son temps. Ainsi que me le signale fort obli-
geamment M. Emile Picot, Béranger de La Tour, d'Albenas en Vi-
varez, lui adresse un sonnet, dans l'*Amie des amies* (Lyon, 1558).

gloire de Dieu. La Boétie lui fait remarquer vivement qu'il est plusieurs façons de plaire à Dieu et que Lavie l'eût honoré en gardant le silence. La réponse était mordante: pour que La Boétie l'adressât à un collègue, il fallait qu'il eût été atteint dans ses affections les plus chères.

D'ailleurs, d'autres liens encore unissaient La Boétie à Ronsard, depuis Lancelot de Carle, l'ami des premières années de Ronsard et le beau-frère de La Boétie, jusqu'à Jean de Belot, qui avait si profondément connu le jeune conseiller avant de devenir l'ami du poète (1). D'abord conseiller au Parlement de Bordeaux, où il siégeait aux côtés de Montaigne et de La Boétie, Belot avait noué avec l'un et avec l'autre d'étroites relations. Il en est maintes preuves dans les vers latins de La Boétie, qu'il visita durant sa dernière maladie. Maître des requêtes de l'hôtel du roi, Belot quitta Bordeaux pour Paris et se trouva dès lors mêlé au monde des littérateurs et des poètes. Il devint bien vite et l'ami de Baïf, qui lui dédie plusieurs poèmes, et celui de Ronsard, qui l'appelle

> Belot, parcelle, ains le tout de ma vie.

L'un des plus remarquables poèmes de Ronsard, le poème sur *la Lyre,* porte le nom de Belot. Il nous montre à quel

(1) Originaire de l'Agénois, Jean de Belot était encore conseiller au Parlement de Bordeaux le 9 décembre 1559, ainsi qu'il appert d'un arrêt du Parlement de cette date. Il y est dit qu'il a de « grands biens » dans le Haut-Pays, c'est-à-dire en Agénois (*Archives historiques de la Gironde,* t. XIX, p. 472). On le trouve comme maître des requêtes de l'hôtel du roi dans une pétition des jurats de Bordeaux au roi, datée du 15 juin 1568 (*Arch. hist.,* t. IV, p. 164). Les deux pièces de Ronsard qui lui sont dédiées lui sont adressées sous ce titre (édition P. Blanchemain, t. IV, p. 53 et 121). Voy. aussi Baïf, édition Marty-Laveaux, t. II, p. 33, 71 et 435.

degré d'intimité en est venue la liaison entr'eux et il n'est pas
téméraire de supposer que le souvenir de La Boétie n'y
avait pas nui.

Faut-il mentionner ici tous ceux que Ronsard et La Boétie connurent à la fois ? Faut-il dire que l'un et l'autre furent des protégés du cardinal Charles de Lorraine ? Comme
il n'est guère de poète de cette époque qui n'ait, de plus ou
moins près, approché le cardinal de Lorraine, si prodigue
de largesse par politique et par goût, la remarque n'aurait
qu'une valeur assez restreinte. Disons seulement que l'un et
l'autre se sont plu à chanter, — Ronsard en français, La
Boétie en latin, — la grotte que le cardinal de Lorraine avait
vouée aux Muses dans son domaine de Meudon (1). C'est là
que La Boétie appelle les Muses, chassées par les barbares
de leur sol paternel; il les invite à porter là leurs affections:
elles s'y trouveront entourées de poètes, comme aux plus
beaux jours de l'Hellade. Et, comme pour justifier, semble-
t-il, cette invocation, Ronsard place dans cet endroit, dont
il décrit les charmes, une églogue dialoguée dont les interlocuteurs sont, avec lui, le chancelier de L'Hôpital et Joa-
chim du Bellay. Il suffit de mentionner ici une aussi heureuse coïncidence, qui confirme la probabilité des relations
entre Ronsard et La Boétie.

Entré au Parlement de Bordeaux, le premier de ses collègues avec lequel La Boétie semble s'être lié plus particuliè-

---

(1) *Ad Musas, de antro Medono cardinalis Lotharingi (Poemata*,
fᵒ 105, Feugère, p. 367). — L'églogue de Ronsard a pour titre : *Chant
pastoral sur les nopces de Monseigneur Charles duc de Lorraine et de
Madame Claude, deuxième fille du roi Henri II* (Paris, André Wé-
chel, 1559, 20 pp. in-4ᵒ. Edition P. Blanchemain, t. IV, p. 54).

rement fut Guy de Galard de Brassac (1), conseiller clerc au Parlement depuis 1534, où il avait succédé à son frère Bertrand de Galard, qui faillit être archevêque de Bordeaux en 1529, si l'on en croit Lopès (2). Guy de Galard avait pour les lettres, comme La Boétie, un culte passionné et était fort lié avec plusieurs savants, entre autres avec Jules-César Scaliger. Celui-ci en avait fait son correspondant ordinaire à Bordeaux, et, de plus, l'avait prié de surveiller l'éducation de ses trois fils, confiée au principal du collège de Guyenne, Gelida. Les livres arrivaient assez difficilement à Agen; aussi Brassac se chargeait-il volontiers d'adresser à son docte ami les nouveautés littéraires. Un jour, à son envoi de livres il ajoute quelques vers charmants de La Boétie, et aussitôt Scaliger est dans l'admiration. M. Dezeimemeris (3), auquel nous empruntons la plus grande partie de

(1) Guy de Galard de Brassac naquit vers 1492, suivant une généalogie manuscrite dressée par l'archiviste Bouland et conservée au château de Brassac (Noulens, *Documents historiques sur la maison de Galard*, t. IV, p. 1043). François Ier lui donna provision de l'office de conseiller au Parlement de Bordeaux par lettres-patentes du 13 octobre 1533 et il prêta serment le 7 janvier 1534. Chanoine d'Agen (1535) et de Saint-André de Bordeaux (1556), il devint président aux enquêtes (18 mai 1543), au moment de la création de la deuxième chambre des enquêtes. Il résigna son office de conseiller en faveur de Florent de Nort (31 mai 1557), et fut admis néanmoins à conserver ses fonctions de président des enquêtes (Brives-Cazes, *le Parlement de Bordeaux et la Cour des Commissaires de 1549*, pp. 176 et 202).

(2) Hiérosme Lopès, *L'église métropolitaine et primatiale Saint-André de Bourdeaux*. Réédition de l'abbé Callen, t. II, p. 337.

(3) *De la Renaissance des Lettres à Bordeaux au XVI⁰ siècle*, p. 39 et 49, et aussi dans l'introduction placée en tête des *Remarques et corrections d'Estienne de La Boétie sur le traité de Plutarque de l'Amour. (Publications de la société des Bibliophiles de Guyenne*, t. I, p. 101 et seq.).

ces détails, et qui a eu le mérite de constater le premier les relations entre La Boétie et Scaliger, a trouvé dans les œuvres de ce dernier la preuve de ce contentement : « Je puis me réjouir amplememt, m'estimer heureux et honoré, puisque vous avez daigné faire de moi des éloges capables de m'attirer l'estime et l'amitié du grand La Boétie et de me valoir une faveur rare (1) ». Mis en goût, Scaliger veut en avoir d'autres, et presse La Boétie, dont la veine poétique ne produit pas au gré de ses désirs. Pourtant La Boétie s'exécutait bientôt (2), et la joie de Scaliger ne connaissait plus de bornes : « La Boétie, s'écriait-il dans des vers qui étaient vraiment à l'unisson de la prose de Montaigne, La Boétie est un homme qui a toutes les aptitudes. A quelque chose qu'il s'applique, il y dépassera tout ce que l'on peut attendre. Habitué à dénouer les nœuds gordiens de l'un et l'autre droit, il sait descendre des hauteurs d'une charge suprême, abaisser son esprit aux bagatelles dH'ipponax, et ne dédaigne pas de prendre la lyre de Phalœcus. Tout cela, nous l'avons vu ; mais que ne sommes-nous pas appelés à voir encore, à moins qu'il ne veuille priver à la fois lui et nous des dons de son esprit ! A vous, grand président, à vous revient le soin de dissiper cette crainte, cette anxiété cruelle, tellement qu'entraîné par la haute autorité de vos exhortations, il ne s'obstine plus à nous frustrer en se frustrant lui-même (3) ».

(1) Julii-Cæsaris Scaligeri *Poemata* (1624), p. 20.

(2) La Boétie adressait à Scaliger ses vers sur l'*Hermaphrodite* ou sur la *Grotte de Meudon*, construite par le cardinal de Lorraine et Scaliger le remerciait aussitôt d'un envoi qu'il avait vivement sollicité (*Poemata*, 1574, p. 201).

(3) J.-C. Scaligeri *Poemata* (1574), p. 420. — Ailleurs (ibid. p. 347),

Néanmoins, ces paroles aimables ne séduisaient pas complètement La Boétie (1). En vain Scaliger le grondait-il de sa froideur avec une aimable brusquerie et cherchait-il à le faire sortir de son silence par d'élogieux compliments. La Boétie répondait à ces avances avec la lenteur d'une amitié contrainte : il semblait ne se livrer qu'à regret. Un jour même, il échappa tout entier aux devoirs de cette relation. Scaliger attendait des vers latins depuis longtemps promis. Il se plaignit avec amertume de ce retard. Ses plaintes furent vaines, car La Boétie venait de rencontrer au Parlement l'ami que son cœur avait rêvé, et, séduit par la douceur de cette passion naissante, il oubliait ses promesses et ses correspondants d'autrefois.

On sait quelles circonstances les rapprocha. Michel de Montaigne avait succédé à son père comme membre de la Cour des aides de Périgueux, lorsque cette Cour fut supprimée par un édit de mai 1557, qui ordonnait que les offices attachés à ladite Cour le fussent dorénavant au Parlement de Bordeaux (2). Deux autres édits, rendus quelques mois après, complétaient la mesure : le premier en fondant une chambre des requêtes formée des nouveaux magistrats, le second en leur donnant le rang de conseillers. Cependant,

dans une épître à La Boétie et à Brassac, Scaliger s'adressait aussi fort élogieusement au premier.

(1) Dans les vers latins de La Boétie nous ne trouvons qu'une seule pièce adressée à Scaliger (*Poemata*, fº 119, vº ; — Feugère, p. 420). A la mort de celui-ci (1588), La Boétie composa, sur le grand philologue, des vers d'une mélancolie touchante et qui ont été reproduits par Joseph Scaliger en tête de la *Poétique* de son père (Paris, 1561, in-folio).

(2) Th. Malvezin, *Michel de Montaigne, son origine et sa famille*, p. 169.

pour des motifs demeurés inconnus, ils n'entrèrent réellement en fonctions qu'en 1561, et ceci explique, — suivant que l'on adopte l'une ou l'autre de ces deux dates la date de la nomination ou celle de l'installation (1), — la durée différente que Montaigne a donnée en deux endroits à sa liaison avec La Boétie.

Il était nécessaire, en un semblable état de choses, que les deux collègues fissent promptement connaissance, d'autant qu'ils se plaisaient avant de s'être vus et se recherchaient sur le bruit de leur commune renommée. Longtemps avant de s'attacher à La Boétie, Montaigne avait lu *la Servitude volontaire*, et cette œuvre avait suffi à lui donner le désir d'approcher son auteur; c'est elle qui fut entre les deux le premier trait d'union : « Nous nous embrassions par nos noms, dit Montaigne, et à notre première rencontre, qui fut par hasard en une grande fête et compagnie de ville, nous nous trouvâmes si près, si connus, si obligés entre nous, que rien dès lors ne nous fut si proche que l'un à l'autre ». Aussitôt commença, en effet, cette liaison étroite, cette intimité de tous les instants que Montaigne lui-même ne peut expliquer, sinon par ce mot sublime : *parce que c'était lui, parce que c'était moi!*

Dès cet instant, leur alliance était scellée aussi solidement qu'elle le fut jamais, et leur amitié demeura toujours aussi vive, aussi ardente qu'elle l'avait été dans ses premiers transports. Ce sentiment les avait saisis l'un et l'autre avec la violence d'une passion, et leurs deux existences se con-

---

(1) Montaigne dit, d'une part (*Essais*, liv. I, ch. 27), que sa liaison avec La Boétie dura quatre années, et ailleurs *(Avertissement au lecteur)* qu'il connut son ami environ six ans avant sa mort.

fondirent au point de n'en former plus qu'une, avec ses joies et ses douleurs communes. Cependant, en examinant de près cette liaison si intime, on peut encore distinguer quel était plus particulièrement le rôle de chacun dans l'ensemble. Montaigne, jeune encore de goûts et d'inclinations, mais plus généreusement doué au point de vue des qualités intellectuelles, demeure surtout le juge de l'esprit : La Boétie confesse de bonne grâce son avantage. La Boétie, au contraire, vertueux et chaste, fut le juge des mœurs : « De même qu'il me surpassait d'une distance infinie en toute autre suffisance et vertu, écrit Montaigne, aussi faisoit-il au debvoir de l'amitié ». Et, si l'on poussait aux extrêmes cette minutieuse analyse, on reconnaîtrait aisément à La Boétie une supériorité sur son ami, supériorité donnée par l'âge — il avait deux ans de plus que Montaigne, — mais surtout par la fermeté de caractère et la pureté de la vie.

Jusqu'ici on a un peu trop exclusivement considéré la conduite de Montaigne. Cependant, si Montaigne avait une aussi haute idée de l'amitié, il le devait, pour beaucoup, à l'influence de La Boétie. C'est à côté d'un semblable compagnon qu'il avait appris à placer l'amitié au-dessus de tous les grands sentiments, au-dessus de l'amour fraternel lui-même quoique le nom de frère soit à son sens un nom si doux et si beau, qu'il en avait fait un lien de plus entre son ami et lui. Mais la communauté d'intérêts et d'origine est trop souvent entre les frères une cause de relâchement et de désunion. Il est vrai qu'en cela Montaigne n'entendait point parler de ces amitiés ordinaires, qui ne sont « qu'accointances et familiaritez, nouées par quelque occasion ou commodité par le moyen de laquelle nos âmes s'entretiennent ». Il ne

songe qu'à cette union absolue, prédestinée à quelques natures délicates, qui les mêle l'une à l'autre si étroitement
que la volonté de chacun se perd dans la volonté de l'ami
de son choix.

Tel était le sentiment que La Boétie lui avait inspiré. Et
lorsque Montaigne, âme ardente mais un peu mobile,
semblait se lasser de poursuivre une perfection toujours
pénible à atteindre, c'est La Boétie qui le réconfortait
encore et l'encourageait à de nouveaux efforts. Nous avons
conservé trois pièces de vers latins qui nous montrent bien
cette salutaire impulsion. Elles sont vraiment belles toutes
trois et n'ont contre elles, de l'avis de Sainte-Beuve, que de
n'être point écrites en français. Deux d'entre elles surtout
méritent d'être étudiées au point de vue qui nous occupe en
ce moment, car elles fournissent sur ce sujet des lumières
très précieuses.

La première (1), quoique remarquable aussi par elle-
même, est cependant moins importante à considérer sous
l'aspect particulier qui nous intéresse. Adressée en même
temps à Montaigne et à Belot, elle s'occupe plus du lamen-
table état de la France qu'elle ne nous dévoile les secrètes
pensées de La Boétie. Mais quels sentiments touchants y
sont exprimés ! On s'attache malgré soi à la relire, tant la
douleur y est sincère et simplement dite. Devant les ruines
qui couvrent le pays tout entier, La Boétie voudrait fuir
n'importe où et n'importe comment. Et qui sait si les dieux,
en montrant à des marins hardis de nouvelles terres, vierges
et fécondes, n'ont pas voulu conseiller cette fuite ? « Quel

(1) *Poemata*, f° 102; Feugère, p. 357.

que soit le lieu qui m'accueille dans ma fatigue — et plût au
ciel que ce fût avec vous, ô mes amis ? — non, jamais je ne
pourrai arracher de mon cœur le désastre de la patrie ;
partout elle me suivra, je reverrai son image abattue et
désolée :

> Hic quicumque manet fessum locus, haud sine vobis
> O utinam sociit, vix est ut pectore toto
> Excutiam casum patriæ. Quacumque sequetur
> Prostrata facies, tristisque recurret imago.

Ce désespoir est touchant et cette poétique évocation de
l'Amérique ne semble-t-elle pas la vision anticipée d'un
lointain avenir ?

Plus tard (1), La Boétie livra plus complètement les profondeurs de son âme : « Je recherche la vertu, écrivait-il à
Montaigne ; là où je l'aperçois, je l'embrasse avec ardeur ».
Et il voudrait que son ami tentât lui aussi de gravir les som-
mets radieux où elle se tient. La tâche est pénible, pourtant. Mais La Boétie lui vante la gloire d'y parvenir ; il lui
rappelle la fameuse apparition de la Volupté et de la Vertu
au jeune Hercule et les propos qu'elles lui tinrent l'une et
l'autre. D'ailleurs, le travail n'est-il pas le fond même de la
nature humaine ? « Au travail seul le maître des dieux ne
refuse rien. Lui-même, ce n'est pas au sein d'un lâche repos qu'il gouverne la mer, la terre et les voûtes de l'Olympe.
Qu'est-ce que l'existence pour un homme inutile ? Vivant,
il ressemble à ceux que renferme la tombe. Il devance
l'heure du trépas, celui qui passe ses journées dans le silence et laisse ses années s'écouler dans un profond som-

____

(1) *Poemata*, f° 103 v° ; Feugère, p. 363.

meil, sans être compté parmi les hommes ». La Boétie rê-
vait donc de la gloire. Quelques instants avant de mourir,
il se tournait encore vers Montaigne et lui disait : « Mon
frère, n'étois-je pas né si inutile que j'eusse moyen de faire
service à la chose publique ? » C'est le mot que, deux cents
ans après, André Chénier prononçait en montant à l'écha-
faud; c'est le mot qui échappe à toutes les grandes âmes
quand le sort les frappe avant l'heure. La communauté des
aspirations et des destinées les unit étroitement l'un à l'autre, le penseur au poète, et, comme on l'a dit avec justesse,
par-dessus deux siècles ils peuvent se tendre la main.

La Boétie ne devait pas arrêter là de pareils enseigne-
ments : il essaya une fois de plus de les développer dans une
satire que Montaigne déclare excellente, et qui est assurément la plus étendue des pièces latines de La Boétie (1). Il
commence par rappeler tout d'abord l'origine et les premiers
temps de leur liaison. C'est une page d'un abandon charmant,
qui mérite d'être citée. Sainte-Beuve en a traduit avec bonheur le commencement et nous empruntons au grand critique la copie de cet aimable tableau (2).

« La plus grande partie des prudents et des sages, lui-
dit-il, est méfiante et n'a foi à une amitié qu'après que l'âge
l'a confirmée et que le temps l'a soumise à mille épreuves.
Mais nous, l'amitié qui nous lie n'est que d'un peu plus
d'une année, et elle est arrivée à son comble : elle n'a rien
laissé à ajouter. Est-ce imprudence ? Personne du moins ne

(1) *Poemata*, fº 110 vº; Feügère, p. 390.
(2) Sainte-Beuve, *Causeries du Lundi*, t. IX, p. 122. Il a également traduit la pièce adressée à Belot et à Montaigne.

l'oserait dire, et il n'est sage si morose qui, nous connaissant tous deux, et nos goûts et nos mœurs, aille s'enquérir de la date de notre alliance, et qui n'applaudisse de bon cœur à une si parfaite union. Et je ne crains point que nos neveux refusent un jour d'inscrire nos noms (si toutefois le destin nous prête vie) sur la liste des amis célèbres. Toutes greffes ne conviennent point à tous les arbres : le cerisier refuse la pomme, et le poirier n'adopte point la prune : ni le temps ni la culture ne peuvent l'obtenir d'eux, tant les instincts répugnent. Mais à d'autres arbres la même greffe réussit aussitôt par un secret accord de nature; en un rien de temps les bourgeons se gonflent et s'unissent, et les deux ensemble s'entendent à produire à frais communs le même fruit... Il en est ainsi des âmes : il en est telles, une fois unies, que rien ne saurait disjoindre; il en est d'autres qu'aucun art ne saurait unir. Pour toi, ô Montaigne, ce qui t'a uni à moi pour jamais et à tout évènement, c'est la force de nature, c'est le plus aimable attrait d'amour, la vertu ».

Puis, après ces quelques minutes de gracieuses confidences, il expose encore à Montaigne ses sentiments sur la vertu. Jusqu'ici pour ainsi dire il en avait surtout montré la gloire, tandis que maintenant il en fait ressortir l'utilité. Sa théorie est ingénieuse. Quoique la forme n'en soit pas didactique et laisse percer parfois une légère malice, cette satire n'en est pas moins un véritable traité de morale. La Boétie pousse le jeune homme à la vertu, en lui montrant combien le bonheur né du vice est court et trompeur. Est-ce à dire que La Boétie prêchait pour cela la doctrine épicurienne, qui déclare l'homme fait pour le plaisir et lui montre la vertu comme la source la plus pure et la plus certaine de ce plaisir, souverain but de sa nature ? Non; si l'influence épicurienne s'y retrouve, c'est surtout dans la versification, visiblement inspirée d'Horace, dont les réminiscences sont nombreuses et dont La Boétie reproduit un peu aussi la doctrine aisée. Quoi de plus naturel d'ailleurs que cette argumentation, comme le remarque M. Desjardins ? « Sans doute, la vertu est belle, mais le vice est attrayant; il est plus malaisé de s'attacher fermement à la première que de se laisser mollement entraîner au second : pourquoi ceux qui recommandent le bien ne feraient-ils pas valoir toutes les raisons de le cultiver avec zèle, et négligeraient-ils celles qui peuvent être le plus efficaces sur un grand nombre d'esprits ? (1) »

Toutes ces questions sont traitées avec une grande délicatesse de touche, avec un aimable enjouement. La Boétie moralise sans morgue et sans pédant appareil : il ne veut point parler comme un oncle sévère :

> Ludam vacuus, blandisque ferocem
> Aggrediar melius...

Il expose avec grâce l'éducation du jeune homme telle qu'il la rêve et telle qu'il la veut, et fait avec vivacité le tableau des vertus qu'il recommande. Au premier rang, il place la continence, nécessaire aux grands efforts et aux nobles pensées. Il en peint habilement les avantages et les bonheurs. Mais jamais il n'effraie son disciple par des raisonnements trop sévères Il préfère mettre en parallèle les joies fugitives du vice avec les joies pures du foyer domestique, et de cette vivante comparaison découle bien vite l'enseignement que La

(1) Albert Desjardins. *Les Moralistes du XVIe siècle* , 1870, in-8°, p. 136.

Boétie voulait en tirer. En cela, il avait surtout en vue de convaincre Montaigne, jeune alors et ardent, trop enclin sans doute à préférer les plaisirs faciles à l'attrait plus austère de la sagesse et de la vertu. Mieux que personne il connaissait les qualités et les défauts de cette nature, aussi noble qu'enthousiaste, et c'était pour la retenir qu'il lui adressait de sages exhortations.

On comprend que la perte d'un tel ami fut un vrai malheur pour Montaigne. Sans vouloir augmenter le rôle de La Boétie, on peut dire, je crois, qu'il exerçait sur son compagnon une influence salutaire, et qu'il ranima souvent une ardeur pour le bien qui commençait parfois à se refroidir. Aussi, quelle émotion Montaigne n'éprouva-t-il pas à la première nouvelle d'un mal qui devait emporter cet incomparable ami ! Le récit que Montaigne nous a laissé de ses derniers instants est admirable, et je ne sais, dans notre langue, nulles pages remplies d'une douleur plus touchante et plus vraie. C'est la mort du sage dans toute la sérénité de sa foi en l'infini. On entend encore après trois siècles les propos que La Boétie tenait à chacun avant l'heure suprême ; on traverse toutes les inquiétudes qu'éprouvèrent ceux qui l'entouraient en attendant le fatal dénouement. Cependant le malade s'affaiblit peu à peu. Tout à coup il semble se remettre : son visage n'est plus exsangue et sa faiblesse paraît moins grande. Nous nous prenons à espérer. Erreur trompeuse. Comme un flambeau prêt à s'éteindre jette un dernier éclat, la vie s'enfuit dans un effort suprême, et c'est ainsi que rendit l'âme celui qu'on a pu nommer un grand homme de bien.

A ce coup si rude, qui frappait une existence si proche de la sienne, le cœur de Montaigne souffrit cruellement. La vie lui semblait lourde à porter, après un si grand malheur, et il la regardait désormais « comme une nuit obscure et ennuyeuse ». Il languit quelque temps comme un oiseau blessé; les plaisirs eux-mêmes ne font que raviver sa douleur. « Nous étions à moitié de tout, il me semble que je lui dérobe sa part ». Ce qui le charmait jadis l'ennuie maintenant. Son âme, atteinte dans ses profondeurs les plus sensibles, se prend à douter, car, avec la sauvegarde de l'ami, ont disparu aussi la foi et le courage. Enfin, le Parlement, où il siégeait, lui devient odieux, et il ne tarde pas, pour chasser les derniers souvenirs d'un passé qui l'attriste, à résigner sa charge de conseiller en faveur de Florimond de Raymond.

Mais l'affection de La Boétie devait survivre à lui-même. En mourant, il ne voulut pas laisser l'ami qui avait partagé les dernières années de son existence sans un témoignage qui lui rappelât les jours heureux passés ensemble. Il lui légua sa bibliothèque. Nous en trouvons la trace touchante dans son testament. « Ledict testateur prie monsieur maistre Ayquem de Montaigne, conseillier du roi en la court de Parlement de Bourdaulx, son intime frère et inviolable amy, de reculhir pour un gaige d'amitié ses livres et papiers qui sont à Bourdeaulx, desquels lui faict présent, excepté de quelques-ungs de droict qu'il donne à son cher cousin, fils légitime et hérittier du feu seigneur président de Calvimont (1) ». Montaigne accepta le legs avec une reconnaissance émue, et fit placer dans sa propre « librairie » ces témoins muets d'un sentiment qui lui tenait tant au cœur.

(1) Voir ci-dessous APPENDICE VII.

Plus tard, dans son château de Montaigne, au second étage
de cette tour dont il avait fait sa retraite favorite et dans
laquelle il aimait à s'enfoncer pour méditer et pour écrire,
il avait sous les yeux le dernier présent de son collègue
au Parlement de Bordeaux. Ces volumes lui redisaient la
sollicitude de l'ami absent, et sans doute il les contemplait
en composant ce chapitre *De l'Amitié*, impérissable apologie
de La Boétie. Ils faisaient revivre en quelque sorte celui qui
les avait maniés auparavant. Et, devant cette évocation
familière, les souvenirs de Montaigne s'éveillaient, nombreux
et touchants, et se répandaient en confidences inoubliables,
parce que le grand écrivain s'y mettait tout entier, qu'il
renfermait dans ces quelques pages tout son génie et tout
son cœur.

Appendices.

APPENDICE

I

DE LA VÉRITABLE PRONONCIATION DU NOM DE LA BOÉTIE.

Quelque spécieuse qu'elle semble tout d'abord, cette question est une question d'actualité, depuis que la municipalité parisienne a donné à une rue le nom du penseur périgourdin. Pour la trancher plus sûrement, nous examinerons successivement la prononciation des deux syllabes qui composent le mot.

I. Les voyelles *oé*, qu'on est maintenant dans l'usage de séparer, se réunissaient en diphtongue, et se prononçaient comme jadis les mots *poéte* ou *boéte* (boite), ou bien comme les mots *poéle*, *moélle*, etc. Cela résulte de la transcription *Boitie*, *Boytie*, *Boittie*, qu'on rencontre fréquemment dans les titres anciens et dans les auteurs contemporains (notamment Antoine de Baïf, Henri de Mesmes et Antoine de La Pujade). En patois périgourdin, cette diphtongue est rendue par *ou* et, de nos jours, par *oï*.

II. Dans la deuxième syllabe, le *t* doit être prononcé dur. Les preuves abondent pour soutenir et faire prévaloir cette opinion, mise en avant par le Dr Payen.

1º C'est une tradition constante: Bayle (au mot *Bongars*) et Mercier de Saint-Léger (*Notes manuscrites sur La Croix du Maine*) en font foi. La Monnoye est on ne peut plus explicite là-dessus: « Son nom, écrit-il, qu'on prononce communément *La Boécie*, se doit prononcer *La Boétie*, comme rimant avec *partie*; c'est ce que j'ai su des gens du pays ». L'usage actuel du Périgord est encore de le prononcer de la sorte et l'on pourrait aisément rapprocher quelques noms propres modernes de cette même région, dans lesquels la prononciation du *t* est identique (1).

2° On peut aussi le conclure de la présence simultanée de deux *t* dans quelques transcriptions fautives (2), et de la traduction latine *Boethus*, employée par Arnauld de Ferron dans l'avertissement de son édition du traité *de l'Amour*, cité par M. Reinhold Dezeimeris (3). Cette dernière orthographe est au reste passée en français, et l'on trouve parfois la forme *La Boéthie* ou *La Boithie* dans les documents du temps.

3° Enfin, on peut invoquer la rime suivante, découverte par M. Tamizey de Larroque dans les stances du poète agenais Antoine de La Pujade *sur les œuvres chrestiennes de Damoiselle Catherine de La Moissie, veufve du feu sieur d'Aspremont* et parente de La Boétie (4) :

> Car puis que vous avez l'honneur d'estre *sortie*
> Du généreux estoc du docte *La Boitie* ,
> Qui fut un grand poéte et un grand orateur , etc.

La véritable prononciation est donc *La Boitie*, avec le *t* dur, comme dans *ortie*. Cependant, bien des personnes, s'autorisant de certains exemples, notamment du mot *poète*, prononcent *La Boëtie*, en séparant les lettres *oé*, mais en conservant toujours le *t* dur: cela est admissible, et l'on peut rencontrer, dès le XVIe siècle, des cas qui l'autorisent (5).

---

(1) En Périgord, comme le remarque l'abbé Audierne à propos de la prononciation du nom même de La Boétie, le *t* dans la syllabe *tie* est toujours prononcé durement. Pour rendre le son doux, c'est le *c* qu'on emploie (ex. : *La Poncie*, ancienne terre des Salignac-Fénelon, en Périgord), ou les deux *s* (ex. : *La Roussie*, château des environs de Sarlat). Il serait facile de multiplier outre mesure les exemples : *La Bonetie, Lacatie, La Durantie, La Mauretie,* noms de villages des environs de Sarlat ; *Clytie, La Roudetie,* noms de terres, etc.

(2) Maintes fois, Mlle de Gournay a écrit ainsi La Boétie avec deux *t*. Dans un petit volume assez rare, intitulé *Recueil de littérature, de philosophie et d'histoire* (Amsterdam, 1730, in-18), on trouve (p. 38) une importante liste de corrections manuscrites aux *Essais*, faites par Mlle de Gournay, sur un exemplaire lui ayant appartenu et qui était conservé alors dans la bibliothèque de Spanheim. En deux endroits différents (p. 39 et 41), Mlle de Gournay a corrigé l'orthographe de l'auteur pour y mettre deux *t*. N'est-ce pas concluant ? Mlle de Gournay aurait-elle pu se tromper aussi grandement elle qui, sans nul doute, avait entendu prononcer par Montaigne lui-même le nom de son ami ?

(3) *De la Renaissance des Lettres à Bordeaux, au XVIe Siècle*, p. 48. — La forme latine ordinaire est *Boetianus*; on rencontre encore cependant la forme *Boetus*, qui vient elle aussi confirmer notre opinion.

(4) *Les œuvres chrestiennes d'Anthoine La Puiade, Conseiller et secrétaire des Finances de la Reyne Marguerite. Contenant les trois livres de la Christiade et austres poemes en vers chrestiens.* Paris, Robert Foüet, 1604, in-12, f° 142.

(5) *Remarques et Corrections d'Estienne de La Boétie sur Plutarque*, p. 37-38.

Quant à la prononciation du *t* doux, comme dans *péripétie*, *facétie*, quoiqu'elle soit de beaucoup la plus répandue aujourd'hui, elle est vicieuse et doit être absolument rejetée (1).

II

NOTES GÉNÉALOGIQUES SUR LA FAMILLE D'ESTIENNE DE LA BOÉTIE.

Nous réunissons ici tous les renseignements de quelque importance, imprimés ou manuscrits, concernant la famille qui a donné naissance au grand écrivain. Déjà, M. le Vte Gaston de Gérard a publié dans les *Archives historiques de la Gironde* (t. XV, pp. 241 et suiv.) une ample collection de documents, qui fournissent sur la famille La Boétie des indications fort précieuses. En 1875, M. l'abbé Audierne s'est servi des mêmes documents, sans en indiquer l'origine, pour la confection de sa brochure intitulée *Un mot sur La Boétie, sa famille et la prononciation de son nom* (Sarlat, 1875, in-8° de 27 pp.).

A notre tour, nous ne les négligerons point. Nous les compléterons à l'aide de notes manuscrites également communiquées par M. de Gérard. Avec une extrême bonne grâce, M. de Gérard a dépouillé à notre intention le dossier considérable qu'il a réuni sur la famille de La Boétie. Il en a extrait tout ce qui offrait quelque intérêt ; il a résumé toutes les pièces qui se trouvaient en sa possession. Le meilleur des notes qui suivent vient de lui. C'est donc à lui que les curieux doivent savoir gré d'avoir jeté quelque lumière sur ces obscurités. Nous lui en adressons, pour notre part, nos plus sincères remerciements.

Les documents relatifs à cette famille ne remontent pas au delà du milieu du XVe siècle. Les Boyt étaient marchands et bourgeois de Sarlat. Enrichis par le négoce, élevés par les charges de magistrature,

---

(1) M. Grellet-Balguerie a cependant essayé de la défendre avec plus de conviction que de bonheur (*Revue des Bibliophiles*, année 1879, p. 179).

ils se sont éteints au moment où leur évolution se terminait. On ne trouve d'ailleurs chez eux aucune prétention à la noblesse. Tout ce que l'on peut dire c'est qu'Estienne jouissait *viagèrement et personsnellement*, en sa qualité de conseiller au Parlement de Bordeaux, de la plupart des privilèges de la noblesse. D'ailleurs les exemples de ceci abondent, au sein du Parlement de Bordeaux, recruté en grande partie dans le haut commerce ou dans la bourgeoisie (1).

Sur la foi de M. Bouffanges, qui s'est occupé de l'histoire de Sarlat, le Dr Payen signale, aux XIIe, XIIIe, et XIVe siècles, Robert et Pierre de la Boétie, consul, et Gabriel de La Boétie, conseiller (?). M. Bouffanges est tellement sujet à caution pour les premiers temps de l'histoire de Sarlat qu'on ne saurait accepter sans de grandes réserves les données fournies par lui, surtout si l'on remarque : 1[o] que le consulat n'existait pas à Sarlat au XIIe siècle ; 2[o] que le prénom de Gabriel y est absolument inusité au moyen-âge ; 3[o] que les membres de cette famille portèrent certainement le nom de Boyt ou Boit jusqu'à la fin du XVe siècle. Le nom de La Boétie ne se rencontre pas dans les documents originaux avant le milieu du XVe siècle.

Voici, classé dans l'ordre chronologique, ce que l'on peut savoir avec certitude sur les ascendants et la parenté du célèbre conseiller au Parlement de Bordeaux. Il importe de faire remarquer auparavant, que tous les documents qui ont servi à établir les deux premiers degrés, sont des notes informes ou des analyses d'actes, sans forme authentique, qui ont été employées, au XVIIIe siècle, dans un procès entre les Philopald, seigneurs de La Boétie, et l'évêché de Sarlat. Ceci explique pourquoi beaucoup de ces mentions donnent à Guillaume et à Raymond, son fils, le nom de La Boytie. C'était une *traduction libre*, pour faciliter l'argumentation, qui aurait pu être gênée par la succession des noms de *Boit* ou *Boyt* du XVe siècle, et des noms de *Boytie*, *Boitie*, *Boétie*, du XVIe siècle. Dans tous les documents du XVe siècle, dont le texte nous est parvenu *in extenso*, les noms patronymiques sont toujours *Boit* ou *Boyt*.

I. Guillaume Boyt, Boytia, ou de La Boytie,

bourgeois et marchand de Sarlat, épouse N....

Le 13 juin 1347, Guillaume de La Boytie, reçoit de Bertrande de

<hr>

(1) E. Brives-Cazes, *le Parlement de Bordeaux et la cour des commissaires en 1549*, p. 32.

Dali la reconnaissance d'un jardin, situé au barry ou faubourg de la Bouquerie, à Sarlat. (Bertrand Plamon, n. r.) — Note informe.

Le 25 mai 1448, noble homme Jean de Leygue, vend à G. de La Boytie deux quartons de froment et une poule de rente sur une terre à la Borie (lieudit au territoire actuel de La Boétie, dont la Borie est une ferme). (La Boria, n. r.) — *Archives historiques de la Gironde*, t. XV, p. 241.

Le 15 février 1450, Guillaume Rougier, du lieu de Tempnhac vend à Guillaume de La Boytie diverses rentes sur le village de la Serpoulie, paroisse de Saint-Quentin. (Aoustier, n. r.). — *Arch. hist.* t. XV, p. 242.

Le 19 février 1451, Guillaume Boyt achète de Guillaume et P. Polhi, père et fils, le moulin de Cluzel (dit depuis de La Boétie), mouvant de l'évêque de Sarlat. (Sardon de Barts, n. r.) — *Arch. hist.*, *ibid.*, p. 243. — Le même jour, Guillaume Griffoul, prieur claustral de Sarlat, le R. P. Bernard Bonal, abbé de Saint-Amand de Coly, Guillaume Bot, vicaires généraux de l'évêque de Sarlat, investissent Guillaume de La Boytie du susdit moulin (Géraud Austie, n. r.) — *Ibid.*

Le 16 juillet 1464, Guillaume de La Boytie achète à Jehan la Tretzi, dit Suquet, une pièce de terre, sise en la rivière de Mauzens, avec douze deniers de rente dûs au dit de La Boytie sur le lieu dit le mas de Fromental.

Le 3 avril 1466 et le 18 mars 1467 (v. st.), Guillaume Boytia paie à Martial Gourdon, receveur de l'évêché, dix deniers de cens pour les Places (lieudit à La Boétie), six deniers pour le pré de la Poulgue (lieudit près de Sarlat), et deux quartons de blé et six deniers de cens, pour cinq années d'arrérages dûs pour le moulin de Cluzel. — *Arch. hist.*, t. XV, p. 244.

Sans date. Guillaume de La Boytie fonde la chapellenie dite de La Boytie, dans l'église paroissiale de Sainte-Marie de Sarlat (1), la dote de huit livres de rente et nomme Raymond de La Pomarède, clerc de Sarlat, pour premier chapelain (Pièce informe mais ancienne). Cette chapellenie a existé jusqu'au XVIIIᵉ siècle. On en trouve maintes traces dans les papiers de la famille La Boétie. Le 27 janvier 1547, Jean Béty, cordonnier de Sarlat, vend à Raymond Manigault, marchand, une pièce de terre sise au territoire de Vigueras, sous

---

(1) L'abbé Audierne se trompe en croyant qu'il s'agissait de la chapelle située au manoir de La Boétie.

16.

réserve de deux sols six deniers de rente, dûs annuellement à la chapellenie de La Boétie. Et le 17 février suivant, Raymond Manigault reconnaît cette terre à Messire Antoine Chalvignac, dit de La Boytie, chapelain de La Boytie, prêtre de Sarlat, qui donne quittance des lods et ventes (de Céron, n. r). — Le 30 juin 1560, Jean Martini, clerc tonsuré, chapelain de la chapellenie de La Boytie, desservie dans l'église paroissiale de Sainte-Marie de Sarlat, résigne ce bénéfice en cour de Rome, en faveur de Mⁿ Antoine Yssandon, clerc tonsuré du même diocèse (Daussel n. r). Orig. *Arch. de Gérard.* — Le 3 mars 1675, M. Mathurin Vivier, prêtre, docteur en théologie, archiprêtre de Polegrac, prend possession de la dite chapellenie dans l'église Sainte-Marie de Sarlat (Lagrange n. r). Orig. *ibid.* — Le 11 février 1702, Jean Monzie, sieur de la Bourgonnie, comme mari de demoiselle Marie de Veyssière, et, en cette qualité, seigneur de La Boétie, nomme Mᵉ François Jamet, prêtre, prébendier de l'église cathédrale de Sarlat, en qualité de chapelain de La Boytie, bénéfice vacant par la mort de Mᵉ Mathurin Vivier, curé de Villefranche. — Orig. signé et scellé du cachet et armes de Jean Monzie. *Ibid.*

Guillaume Boyt ou de La Boytie eut pour enfants :

1° Raymond, qui suit ;

2° Clémence Boyte, femme de Pierre Graulet, lequel, au nom de sa femme, et de concert avec Raymond Boit, son beau-frère, consent une reconnaissance à l'Ouvrier du chapitre, le 22 octobre 1486, de certains biens situés à « las Places ». — *Arch. hist.*, t. XV, p. 246.

3° Autre Clémence Boyte, femme de Jean Grignon, ou Grinhon, bourgeois de Sarlat. Ce dernier, au nom de Raymond Boit son beau-frère, achèt eune terre, sise au territoire de « las Places », de Philippe et Antoine Cleyrac. — Ils eurent une fille, ~~Guillemette~~ Grignon, marié à Michel ou Micheau de Salis, bourgeois de Sarlat, qui, au nom de sa femme, fait une reconnaissance à l'Ouvrier du chapitre de Sarlat, des terres ci-devant achetées au lieu de « las Places », le 29 mai 1507. — Le 20 janvier 1541 (v. st.), elle reçoit de Bertrand Reyzades et consorts, habitants de Marcillac, la reconnaissance d'une maison sise à Marcillac, jadis vendue à Guillaume de La Boytie, par noble Jean de Siorac, seigneur de Siorac (Dortrie, n. r.). — Le 16 avril 1586, Jean de Salis, sieur de La Batut, fils et héritier universel de feu Mᵉ Antoine de Salis, lieutenant général de Sarlat, petit fils de Michel et de Guillemette de Grignon, reconnaît à Gaspard de

Longueval, ouvrier du chapitre, les mèmes terres du bien de « las Places ». (de Cordis, notaire) (1).

II. Raymond Boyt, ou de La Boytie, bourgeois et marchand de Sarlat, mort avant 1499. Il épouse noble Hélène de Verdon(des environs de Belvès), qui vivait encore en 1502.

Le 3 janvier 1492 (v. st.), Raymond de La Boytie reçoit de Simon Bot la reconnaissance d'une pièce de terre située à Garaujac, *nunc* Graujac. *Arch. hist.*, t. XV, p. 241.

Le 3o décembre 1499, honorable homme Etienne de Manhanac, bourgeois et marchand de Sarlat, comme tuteur des enfants de feu Raymond Boyt, marchand de Sarlat, reconnaît tenir en fief de R. P. en Dieu Mᶜ Amand de Gontaud, évêque de Sarlat, deux moulins et un « hospice » dans lequel ces moulins sont situés, lesquels moulins sont appelés « del Cluzel », *sive* « de La Bastide », sur le ruisseau de Cuze, au territoire de Sarlat. *Arch. hist.*, p. 248.

Le 22 septembre 1502, noble Hélène de Verdon, comme veuve de Raymond de La Boytie, reçoit de Raymond de Montlavy une reconnaissance d'une pièce de terre sise au territoire de Molceyrières, *nunc* Moulayssières, commune de Sarlat (J. Amelin, n. r.). *Arch. hist.*, p. 241.

Ils eurent pour enfants :

1º Antoine, qui suit ;

2º Gaucelin, licencié en 1512. Cité par le Dʳ Payen. Très douteux. Il faut sans doute le confondre avec Gantounet.

3º Gantounet, qu'on voit figurer, en 1507 et 1512, en compagnie de ses frères dans deux actes cités plus bas.

4º Estienne, figure lui-même, en 1507 et 1512 dans les actes ci-dessous mentionnés. Collégial de Saint-Martial de Toulouse, il étudie Sous Jean de Fraysse, depuis 1517 jusqu'en 1523 ; bachelier le 3 mars 1523 ; prieur de Notre-Dame des Vayssières en 1535 ; chapelain de la chapellenie de Réveilhon, dans la cathédrale de Sarlat (De Gourgues, *Dict. topog. de la Dordogne*, verbo *Le Réveilhon*) ; puis curé de Bouilhonnac.

---

(1) Les descendants actuels, par les femmes, des Salis de La Batut, sont les de La Borie, comtes de La Batut.

5⁰ Guilherme, épouse, vers 1512, Raymond de Laurière, écuyer, seigneur de Ferrand, près Issigeac. Veuve, elle fait donation à son fils Etienne, le 12 juillet 1561 (Bibl. nationale, mss. *Fonds Périgord*, vol. 148, verbo *Laurière*) (1).

6⁰ Clémence épouse vers 1520 Jean Amelin, bachelier en droit, sieur de Rochemaurin, les Forces, Martilhac, viguier de Sarlat. — C'est le célèbre écrivain, traducteur de Tite-Live (Bibl. nat. mss. *Carrés de d'Hoʒier*, vol. 19, verbo *Amelin*).

III. Antoine de La Boytie, seigneur de la Boytie, la Mothe-lès-Sarlat (lieu dit totalement inconnu), licencié ès-lois, lieutenant particulier par autorité royale au siège de Sarlat et bailliage de Dome, bourgeois de Sarlat.

Epouse Philippe de Calvimont, fille de Jean, seigneur de Lherm, et de Anne du Puy de La Jarthe, sœur de Jean, seigneur de Lherm, président au Parlement de Bordeaux (Dordogne, *Archives départementales*, B, 53, n⁰ 1). Il teste en 1533 et meurt après 1540.

Le 21 novembre 1501, « honorabilis vir Antonius de La Boytia, in juribus licenciatus », donne à Louis Monteil l'investiture d'une maison sise à Sarlat, au barry de Lendrevie. — Ortric, notaire royal et jurat (*Arch. hist.*, t. XV, p. 247).

Le 24 juillet 1507, « discretus vir magister Anthonius de La Boytie », bourgeois de Sarlat, tant en son nom qu'en celui de MM^es Gantounet et Estienne de La Boytie, ses frères, absents, reconnaît de religieux homme Guillaume de Gordièges, « ouvrier » de la cathédrale, une terre « sise à las Plasses, confronte avec le moulin de la Boytie, qui autrefois a esté de ceux d'Aubusson ». — Amici, n. r. (*Arch. hist.*, t. XV, p. 245).

Le 20 novembre 1512, honorable homme Antoine de La Boithie, bachelier en droit *(sic)*, tant en son nom qu'en celui de MM^es Gantounet et Estienne de La Boithie, ses frères, vend à Frère Mathias Hamelin, syndic du chapitre, diverses rentes à lui dues sur le territoire de « las Plasses ». (*Arch. hist.*, t. XV, p. 246).

Le 1ᵉʳ décembre 1521, honorable homme maître Antoine de La Boitie *(sic)*, licencié en droits, lieutenant particulier de M. le

<hr>

(1) Le marquis de Laurière, habitant au Buisson de Cabans, est le descendant direct.

sénéchal de Périgord au siège de Sarlat, reçoit une reconnaissance de Pierre Seguey, dit Cathaud, pour certains biens à Angentoulan.

Le 19 décembre 1524, noble Jean de Fages, du noble repaire de la Veyssière, fait donation à Antoine de La Boytie de cens et rentes à lui dûs sur une terre sise en la rivière de Mauzans.

1528. Antoine de La Boétie acquit par échange d'Etienne de Salle une « peissière et coustal », confrontant avec le pré des hoirs de Raymond Gondi, plus trois quartonnés de bois, sis à Moussidières, confrontant avec le bois de Mᵉ Frénon Grézel.

Le 24 octobre 1528. Transaction entre honorable homme M. Mᵉ Antoine de La Boétie, licencié en droits, et Jean de Castanet, notaire de Sarlat. Ledit de La Boétie cède à Castanet la combe « des deux bercades » confrontant avec le ruisseau de Cuze. — Castanet cède diverses rentes et des terrains, dont un ayrial sis en la ville de Sarlat, et confrontant avec la maison des escoles de la ville et avec le ruisseau de Cuze et avec la maison de Micheau de Salis.

Le 17 janvier 1532, Mᵉ Jean de Castanet, notaire-royal de Sarlat, reconnaît de honorable homme Mᵉ Antoine de La Boétie, licencié en droits, lieutenant particulier par autorité royale, seigneur de la Mote, l'ayrial sis à Sarlat, confrontant avec « la maison commune de ladite ville de Sarlat, appelée la maison de las Escoles », avec la rue publique, et avec la maison des héritiers de feu Mᵉ Micheau de Salis, et avec le ruisseau de Cuze. — Hamelin, n. r.

Le 3 février 1540, Jean Reynal, laboureur, lui consent une reconnaissance. — C'est le dernier acte dans lequel son nom se trouve employé, et nous ne rappellerons ici que pour mémoire le procès-verbal de l'enregistrement d'une enquête faite en faveur de Jean de Gontaud-Biron, à la suite d'un incendie qui, en 1538, avait consumé les archives conservées dans une des tours du château de Biron. Ce document, qu'Antoine de La Boétie avait signé, le 9 juin 1540, en sa qualité de lieutenant particulier du sénéchal de Périgord à Sarlat, a été signalé plus haut et se trouve reproduit dans les *Archives histori-ques du département de la Gironde* (t. II, pp. 145-147).

Il eut pour enfants :

1° ESTIENNE, né en 1530, conseiller au Parlement de Bordeaux et auteur du *Discours de la servitude volontaire*. — Le 1ᵉʳ mars 1558, Maître Estienne del Fourn, prêtre de Sarlat, reconnait de M. Mᵉ Estienne de La Boétie, conseiller du roi en sa cour de Parlement de

Bordeaux, absent, mais représenté par M. M⁰ Estienne de La Boétie, licencié, prieur des Vayssières, son oncle, présent, une maison sise à Sarlat au *barry* ou faubourg de Lendrevie. — Martel, n. r. (*Arch. hist.*, t. XV, p. 252).

2⁰ ANNE, épouse Jean Le Bigot, écuyer, seigneur de Saint-Quentin, près Castilhonnés, qui suit.

3⁰ CLÉMENCE, épouse Hélie de Gimel, chevalier, seigneur de La Garrigue et Saint-Vincent.

Le 23 août 1567, ils consentent à Jeanne de Magnanac, femme de Messire Raymond de Gimel, chevalier de l'ordre du Roi, seigneur de la Vigerie, une reconnaissance de biens, sis « au territoire de las Plasses ». — Clémence mourut avant le 29 janvier 1584. A cette date, son mari, en qualité d'héritier universel de sa femme, transige avec demoiselle Anne de La Boytie, veuve de feu Jean Lebigot, écuyer, seigneur de Saint-Quentin, sur les successions de feu M. M⁰ Antoine de La Boytie, lieutenant particulier de Sarlat, demoiselle Philippe de Calvimont, sa femme, de Messieurs M⁰ Estienne de La Boytie, conseiller au Parlement de Bordeaux, et autre Estienne de La Boytie, curé de Bouilhonnac (*Archives historiques de la Gironde*, t. XV, p. 254).

IV. Anne de La Boytie, épouse Jean Le Bigot, écuyer, seigneur de Saint-Quentin, et de La Boytie, du chef de sa femme, dont :

1⁰ BERTHOMIEU LE BIGOT, écuyer, seigneur de Saint-Quentin;
2⁰ N... LE BIGOT, qui suit.

V. N... Le Bigot, demoiselle de Saint-Quentin, épouse Jacques de Roffignac, écuyer, seigneur du Fresnoy et de La Boytie, dont :

1⁰ GABRIEL, seigneur de Marzac;
2⁰ GABRIELLE, qui suit.

VI. Gabrielle de Roffignac, épouse, le 15 septembre 1659, Jean de Carbonnier, écuyer, du lieu de Castilhonnés. C'est la souche dont descend le marquis Marc de Carbonnier de Marzac, habitant actuellement Bordeaux et Castilhonnés.

MAISONS DE LA BOÉTIE. — Deux habitations portent encore le nom de La Boétie et en gardent le souvenir : l'une à Sarlat, l'autre dans les environs.

La maison patrimoniale est située à Sarlat, place du Peyrou, ancienne place du Moustier, en face de la cathédrale. Elle est fort intéressante et curieuse par son caractère architectural. Construite au moment de la Renaissance, elle est d'un style charmant et offre à l'archéologue des ornements remarquables. Sa façade a été plusieurs fois reproduite par la gravure.

1º Lithographie dans la *Guyenne historique et monumentale* d'Alex. Ducourneau (Bordeaux, 1843, 4 parties en 2 vol. in-4º) t. I, 2º part., p. 36.

2º Gravure sur bois de M. Léo Drouyn, dans le *Magasin pittoresque*, juin 1850, p. 180.

3º Lithographie, dans les *Annales agricoles et littéraires de la Dordogne, journal de la ferme-modèle et des comices agricoles du département, publié sous les auspices de la société d'agriculture, sciences et arts* (Périgueux, in-8º), 1848, 9º année (t. IX), p. 344.

La municipalité de Sarlat a fait placer sur la façade une plaque de marbre avec cette inscription :

ÉTIENNE DE LA BOÉTIE,

LE CÉLÈBRE AMI DE MICHEL MONTAIGNE,

EST NÉ DANS CETTE MAISON

LE 1ᵉʳ NOVEMBRE 1530

Ce n'est pas le seul hommage au souvenir du grand écrivain. Une rue de la ville porte son nom et ses compatriotes ont voulu lui élever une statue. Un décret du 14 octobre 1876 a approuvé ce projet, qui n'a pas encore été mis à exécution.

Sur cette façade se voyait jadis un écusson, qui a été gratté depuis longtemps et où se trouvaient, dit-on, les armes de La Boétie. La famille *Boit* ou *La Boitie*, n'étant pas noble, il est permis de douter de cette explication. Quoi qu'il en soit, l'abbé Audierne a cru retrouver les armes de cette famille dessinées à la plume à la première page du livre des contrats d'achat de la propriété de La Boétie. L'écu, d'après ce document, porterait d'azur, chargé d'une colombe d'argent, abaissant son vol sur une coupe d'or au chef de sable, chargé de trois annelets d'argent, le tout surmonté d'un bonnet magistral et de ses lambrequins. Cet écu, placé en tête du contrat de vente du domaine de La

Boétie, n'est ni celui du vendeur ni celui de l'acquéreur. On a supposé d'après cela qu'il ne pouvait être que celui du domaine vendu. Ajoutons que rien de positif n'autorise à affirmer cette attribution seulement plausible.

Il est aussi impossible de fixer avec certitude à quelle date la famille Boit fit édifier une maison sur les propriétés qu'elle avait acquises aux environs de Sarlat. Les documents sont muets sur ce point. Il est vraisemblable de dire que l'habitation actuellement existante n'est pas celle qui avait été primitivement construite. D'après un livre de raison d'une famille de Sarlat, dont un extrait a été publié par M. de Gérard, dans le *Bulletin de la société historique et archéologique du Périgord* (1875, t. II, p. 180), l'habitation primitive aurait été détruite par l'archidiacre de Vassal de la Tourrette, qui s'empara de Sarlat en juin 1590, à la tête des ligueurs. Ce récit est explicite en ceci et dit formellement que l'habitation fut détruite, « ledict sieur de la Torrette estant allé faire desmolir une maison nommée La Boytie, afin que ceux de la religion ne la prinssent ». Le manque absolu de caractère architectural de l'immeuble actuel confirme ce témoignage et les bâtiments de la demeure conservée ne doivent pas remonter au delà des premières années du XVIIe siècle.

Quoiqu'elle méritât moins cet honneur que la maison de Sarlat, la gravure l'a reproduite plus souvent :

1° Lithographie, dans l'ouvrage de Ducourneau, la *Guienne historique et monumentale* (cette planche est placée à la fin de la 2° partie du second volume).

2° Lithographie de Mademoiselle Marie Payen, d'après un dessin de M. de Cerval, placée en tête de la brochure de son père sur La Boétie.

3° Gravure à l'eau-forte de M. Léo Drouyn, en tête des *Remarques et corrections sur le traité de Plutarque sur l'Amour*, publiées par M. R. Dezeimeris pour la *Société des Bibliophiles de Guyenne*.

4° Lithographie, dans le *Bulletin de la société historique et archéologique du Périgord*, 1881 (t. VIII), p. 333.

Ajoutons qu'ainsi que tous les autres biens de La Boétie, cette habitation passa en la possession de Jean Le Bigot, mari d'Anne de La Boétie, et vint plus tard aux mains de la famille de Roffignac. Celle-ci la vendit, en 1650, à la famille des Veyssières de Puylebreuil. Elle passa par un mariage dans la famille des Philopald et plus récemment, par droit d'hérédité, dans la famille de Gérard du Barry, qui la possède actuellement.

III

DES OUVRAGES PERDUS DE LA BOÉTIE.

HISTORIQUE DESCRIPTION DU SOLITAIRE ET SAUVAGE PAYS DE MÉDOC

Les *Mémoires de nos troubles sur l'Edit de Janvier 1562* ne sont pas le seul ouvrage de La Boétie qui ne soit point arrivé jusqu'à nous. La plupart de ses biographes estiment qu'il avait composé aussi une description du Médoc, actuellement perdue. Mais l'existence de ce dernier opuscule n'a jamais été parfaitement démontrée, et cette preuve est particulièrement difficile à établir maintenant. Nous essaierons cependant d'indiquer succinctement les raisons invoquées en faveur de cette existence, en les faisant suivre des motifs qui nous empêchent d'y croire, pour notre part.

I. Les contemporains de La Boétie n'ont point mentionné le volume dont la perte nous occupe. C'est au XVIIIe siècle seulement qu'il en est parlé pour la première fois. Dans l'édition de la *Bibliothèque historique de la France* du P. Lelong, donnée en 1768, par Févret de Fontette, on trouvait, sous le numéro 2,230, la mention suivante :

Historique description du solitaire et sauvage pays de Médoc (dans le Bordelois), par feu M. DE LA BOÉTIE, *Conseiller du Roi en sa Cour de Parlement à Bordeaux, etc. Bordeaux, Millange, 1593, in-12.*

Et en note : « On a joint à cette description quelques vers du même auteur, qui ne se trouvent point dans l'édition qu'avoit donné de ses œuvres Michel de Montaigne ».

Févret de Fontette tenait le renseignement d'un bibliophile éminent, l'abbé Desbiey (1), alors vicaire de la paroisse de Notre-Dame du Puy-Paulin, à Bordeaux, qui lui adressa, le 20 août 1765, pour la réimpression de ce répertoire considérable, une liste d'environ 300 ouvra-

---

(1) Cet envoi dut s'effectuer par l'entremise de l'Académie de Bordeaux. C'est ce qui semble résulter

ges, omis par le P. Lelong. Cette liste est, paraît-il, conservée encore par M. Charles Grellet-Balguerie, « bibliophile-amateur » (1).

Environ vingt ans après, un autre érudit, l'abbé Baurein, bordelais et contemporain de l'abbé Desbiey, mentionnait, pour la seconde fois, le travail de La Boétie. Voici en quels termes : « Une personne de Lettres, que la profession aussi honorable que laborieuse, qu'elle exerce avec autant de capacité que de distinction, n'empêche pas de s'appliquer aux connoissances historiques qui concernent Bordeaux et le pays Bordelois, a eu la bonté de nous donner avis que M. Etienne Laboetie, natif de Sarlat, Conseiller au Parlement de Bordeaux, et ami intime du célèbre Michel de Montaigne, avoit fait imprimer en l'année 1593, chez Millanges, une Description historique de la Contrée du Médoc, que ce savant qualifioit de *Pays solitaire et sauvage.* Nous avons remercié cette personne, comme nous le devions, (e l'avis important qu'elle vouloit bien nous donner, et nous croyons devoir encore l'en remercier publiquement. Mais il ne nous a pas été possible de retrouver un ouvrage aussi rare et aussi ancien. Nous aurions été d'autant plus charmés de nous en procurer la lecture, qu'elle nous auroit mis à portée de rectifier ce qui auroit pu nous échapper de peu exact sur l'ancien état de cette contrée » (2).

On s'accorde assez généralement à reconnaître aussi l'abbé Desbiey dans « la personne de Lettres », dont parle l'abbé Baurein. De cette façon, ces deux mentions découleraient d'une seule et même source : l'indication de l'abbé Desbiey. Or, l'abbé Baurein affirme catégoriquement qu'il n'a point vu le volume, et qu'il n'a pu le trouver, malgré toutes ses recherches. Il me semble qu'on peut conclure de là que l'abbé Desbiey ne le possédait point, car doit-on admettre un instant qu'il ne l'eût pas montré à son confrère, s'il l'eut conservé dans sa bibliothèque, ou qu'il n'en eût point indiqué la présence, s'il l'eût connu dans quelque collection étrangère ? C'est donc sur des notes ou par ouï-dire que l'abbé Desbiey citait lui-mème ce volume. Il ne faut pas s'étonner outre-mesure, après cela, qu'il se soit trompé en le mentionnant, ou que sa bonne foi ait été surprise, alors que la bibliographie n'usait pas des méthodes rigoureuses qu'elle emploie de nos jours-

d'un échange de lettres entre le secrétaire de l'Académie et l'imprimeur Herissant, qui publiait cette nouvelle édition de la *Bibliothèque* du P. Lelong. Voyez le *Catalogue des Manuscrits de l'ancienne Académie* de Bordeaux, dressé par M. Raymond Céleste (1879, in-8°, p. 317).

(1) *Revue des Bibliophiles*, année 1879, p. 175, et aussi année 1881, p. 365.

(2) L'abbé Baurein, *Variétés Bordeloises, ou essai historique et critique sur la topographie ancienne et moderne du diocèse de Bordeaux*. Bordeaux, 1785, in-12, t. IV, p. 253 et suivantes (Ed. Féret, t. II, p.417).

II. On a voulu tirer aussi, d'une annotation de Montaigne, un argument en faveur de l'existence de cet opuscule. Sur l'exemplaire de l'édition de 1588 qu'il amendait, en vue d'une nouvelle édition, plus soignée et plus complète, de son livre, et qui est précieusement conservé à la bibliothèque publique de Bordeaux, Montaigne avait supprimé les vingt-neuf sonnets de La Boétie, qui y sont reproduits, et avait écrit : « Ces vers se voyent ailleurs ». Plus tard, en 1595, Mlle de Gournay, dans la réimpression, revue et augmentée, des *Essais* qu'elle donna, disait plus explicitement encore : « Ces vingt-neuf sonnets d'Estienne de La Boétie ont été depuis imprimés avec ses œuvres ». Dans ce cas, où se trouvent-ils? On a prétendu que ceci confirmait la note du P. Lelong, et qu'ils devaient vraisemblablement avoir pris place à la suite de la *Description du Médoc*. Mais, comme le remarque fort judicieusement le Dr Payen (1), la publication de cet opuscule ayant été, suivant le P. Lelong, — et si elle a jamais eu lieu, — postérieure d'un an à la mort de Montaigne, ce dernier ne pouvait guère avoir en vue un livre qui n'avait pas encore paru de son vivant. Dira-t-on que celui-ci le connaissait, sans doute pour l'avoir préparé lui-même et parce qu'il y donnait ses soins? Comment se fait-il alors, que Claude Morel, qui, en 1600, avait pris prétexte de la découverte d'une prétendue traduction de l'*Economique* d'Aristote par La Boétie, pour livrer au public un nouveau recueil des autres opuscules de cet auteur, n'ait pas compris dans ce recueil les vingt-neuf sonnets et d'autres poésies, s'il y avait lieu? Or, on n'ignore pas que Claude Morel n'était pas difficile au point de vue des attributions, puisqu'il allait, pour rajeunir *ses rossignols*, jusqu'à mettre sur le compte de La Boétie une traduction, qu'il savait bien avoir été faite par un autre (2). Dans de semblables circonstances, le libraire n'eut pas manqué de faire son profit des vers nouvellement publiés d'Estienne de La Boétie. N'est-il donc pas plus naturel de croire, en tout cela, à une confusion de la part de Mlle de Gournay, qui a pris, après Montaigne, les vingt-neuf sonnets intercalés dans les *Essais*, pour les vingt-cinq sonnets imprimés auparavant, à la suite du fragment de l'Arioste, par « son père d'alliance? »

III. Plus récemment encore, on a trouvé une troisième mention relative à la *Description du Médoc*, mention manuscrite, il est vrai,

<hr>

(1) *Notice bio-bibliographique sur La Boétie*, p. 43.
(2) Vide infrà.

mais antérieure par la date à celles du P. Lelong et de l'abbé Baurein. Elle est rapportée dans une brochure de Benjamin Fillon, que nous avons eu occasion de citer au cours de cette étude (1). Pour elle aussi, nous reproduirons les termes exacts : « Disons en terminant, écrit le savant collectionneur, que le catalogue manuscrit de la bibliothèque d'un sieur Senné *(sic)*, de Saintes, dressé dans le premier tiers du XVIIe siècle, si l'on en juge par l'écriture, porte la mention suivante. « *Description du pays de Médoc par M. de La Boétie* », sans autre indication de lieu d'impression et de format. Ce devait être néanmoins cette *Historique description du solitaire et sauvage pays de Médoc*, imprimée à Bordeaux, chez Millanges, en 1593, in-12, dont on recherche en vain, depuis si longtemps, un exemplaire ».

Le renseignement est vague, comme on le voit. Benjamin Fillon n'a pas pris la peine d'identifier le Sené dont il est question ici. Je crois cependant que c'est Nicolas Sené, théologal du chapitre de Saintes, prédicateur du roi, docteur en théologie et qui fut un des correspondants de Guez de Balzac (2). D'après un portrait cité dans la *Bibliothèque de la France*, Nicolas Sené, qui avait 34 ans en 1620, serait né vers 1586, ce qui s'accorde bien avec la date assignée par Benjamin Fillon à la rédaction de ce catalogue (3). Quant aux destinées ultérieures de la bibliothèque, peut-être importante, que le prédicateur du roi avait assemblée, il m'est impossible d'en rien dire. J'ai consulté l'érudit et obligeant bibliothécaire de Saintes, M. Louis Audiat, pour qui l'histoire de cette ville offre bien peu de secrets, et il n'a pu me fournir aucun détail à ce sujet. La famille Sené est éteinte depuis 1837.

Quelque puissant que serait un pareil témoignage, s'il était plus explicite, cette indication me semble trop incertaine pour en tirer une déduction précise. Le volume était-il imprimé ou manuscrit ? Deux points importants, sur lesquels le catalogue est muet, et qui laissent le champ libre aux suppositions. N'est-il pas à croire, en effet, en l'absence de renseignements plus complets, que le volume conservé dans la bibliothèque du théologal Sené était plus vraisemblablement un manuscrit qu'un imprimé ?

En résumé, que conclure d'explications déjà si longues ? Ainsi qu'on a pu en juger, les raisons de croire à l'existence de la *Description du*

(1) *La devise d'Estienne de La Boétie et le juriste fontenaisien Pierre Fouschier.* 1872, in-8, p. 10.
(2) Louis Audiat, *Saint-Pierre de Saintes, cathédrale et insigne basilique.* 1871, in-8, p. 60.
(3) Edition Fevret de Fontette, t. IV, p. 268.

Médoc ne sont pas péremptoires. D'autre part, les partisans de la non-existence ont noté que toutes les recherches à ce sujet ont été infructueuses, depuis Baurein qui réclamait déjà l'ouvrage en 1784, jusqu'au Dr Payen qui n'a cessé de le poursuivre avec une persévérance digne d'un sort plus heureux. De plus, comme le remarque M. Tamizey de Larroque, il est difficilement admissible qu'un livre composé par un écrivain illustre reste si longtemps inconnu de tout le monde, même des amis intimes de cet écrivain, même de tous ses concitoyens, même des plus zélés et des plus consciencieux bibliographes. « Jamais un tel prodige ne se serait vu dans l'histoire littéraire (1) ». Enfin, le Dr Payen a relevé, dans sa notice, que le titre même de cet ouvrage offrait une si grande analogie avec ce vers d'un des sonnets à Marguerite de Carle :

« O Médoc, mon païs solitaire et sauvage, »

qu'on a pu le forger sur ce modèle, et que cette ressemblance pourrait bien être la source de l'erreur (2).

Tout ceci ne laisse donc pas de rendre la question encore plus obscure, et il est impossible, avec des textes aussi peu probants que ceux qui sont invoqués, de se prononcer avec sûreté pour l'affirmative ou pour la négative. Je croirais volontiers cependant, malgré les incertitudes qui abondent, que la *Description du Médoc* n'a pas été imprimée, et qu'un lecteur ignorant a pris pour le manuscrit d'un nouvel ouvrage de La Boétie ce qui était le manuscrit même de ses sonnets. L'hypothèse est gratuite, je ne me le dissimule point ; elle paraît assez vraisemblable. Je souhaite que la découverte du libelle, s'il existe, soit imprimé, soit manuscrit, vienne la renverser ou la confirmer. Dans l'état actuel des renseignements et en face du silence de Montaigne, j'aurais peur, en me montrant trop affirmatif dans un sens ou dans l'autre, d'enlever légèrement à La Boétie la paternité d'un ouvrage qui est vraiment son œuvre, ou de lui attribuer un travail composé par un autre, comme il est advenu pour la traduction de l'*Economique* d'Aristote, laissée si longtemps sous son nom.

---

(1) *Revue des Bibliophiles*, année 1879, p. 305.
(2) *Notice bio-bibliographique sur La Boétie*, p. 33. — Ce vers se trouve dans le XXIIIIe Sonnet des *Vers françois*, f° 19.

IV

LE RÉVEILLE-MATIN DES FRANÇOIS

Quoique nous nous soyions assez longuement occupé du *Réveille-Matin des François* au cours de cette étude, nous y reviendrons cependant pour ajouter quelques indications complémentaires.

On trouvera des renseignements bibliographiques nombreux et précis sur ce libelle dans l'article *Nicolas Barnaud* de la *France Protestante* des frères Haag. Le lecteur désireux de faire plus ample connaissance avec le *Réveille-Matin* devra y recourir. Nous avons extrait de cette notice, ainsi que des remarques de Brunet, dans son *Manuel*, tout ce qui se rapportait à notre sujet. Nous n'y relèverons donc que deux erreurs, qui ont subsisté dans la nouvelle édition de la *France Protestante*, publiée sous la direction de M. Henri Bordier.

1° Il est inexact de dire, comme on l'affirme dans cette nouvelle édition (t. I, col. 849), que c'est Montaigne lui-même qui publia pour la première fois la *Servitude volontaire* en 1571 (1). Outre que cette date est fausse, on sait que Montaigne se refusa au contraire à éditer l'opuscule de son ami. De plus, ce ne sont pas seulement les doctrines de La Boétie qu'on retrouve dans le *Réveille-Matin*, mais bien ses propres paroles et un long extrait de son ouvrage, comme nous l'avons déjà indiqué.

2° Quoi qu'en pensent les auteurs de la *France Protestante*, Brunet n'a pas, sans raisons, fait précéder l'édition française du *Dialogue* d'Eusèbe Philadelphe par l'édition latine. C'est l'usage constant, à cette époque, de procéder ainsi, notamment parmi les écrivains protestants (2), et l'on s'expliquerait plus malaisément, sans cela, la publication presque simultanée des deux éditions de ce même ouvrage, en deux langues différentes. Au reste, l'opinion de Brunet est incontestable en ce qui concerne le petit volume contenant à la fois les

---

(1) « On y retrouve les doctrines émises avec tant d'autorité, par Etienne de La Boétie dans son célèbre discours de la *Servitude volontaire*, publié par les soins de Montaigne en 1571.... » (Haag. *La France Protestante*. Deuxième édition publiée sous la direction de M. Henri Bordier. Paris, 1877, t. I, colonne 849).

(2) Calvin lui-même en est la preuve.

deux dialogues (*Edimbourg*, 1574). Il est certain que, pour cette fois-ci tout au moins, l'édition latine parut avant l'édition française, qui ne serait ainsi qu'une traduction. Cela est clairement exprimé dans le titre même du second dialogue, le seul qui nous occupe véritablement ici : *in lucem nunc primum editus*, y lit-on en effet, tandis qu'au titre de l'édition française de ce second dialogue on lit au contraire *mis de nouveau en lumière* (1). En outre, l'épître de Philadelphe aux gentils-hommes et au peuple de Pologne, est donnée, dans le *Réveille-Matin*, comme *traduite en françois du livre latin dédié aux estats, princes, seigneurs, barons, gentilshommes et peuple polonois*. Ceci justifie donc Brunet absolument et un examen attentif de l'opuscule eût empêché les frères Haag de contester son appréciation. Ainsi qu'en le voit, c'est en latin, comme nous l'avons déjà écrit, que parut le premier fragment publié de la *Servitude volontaire* et nous reproduirons plus bas ce passage à titre de curiosité littéraire.

Par qui ce lambeau de La Boétie fut-il traduit en latin ? La question risque fort de rester sans réponse, car il est difficile de déterminer la paternité du *Réveille-Matin*, tant l'auteur a pris soin de se cacher et a évité toute indiscrétion qui put mettre sur sa trace. Sans vouloir essayer d'éclaircir un point, qui n'est pour nous que secondaire, nous ne dirons pas moins cependant à qui l'on a sucessivement attribué ce libelle. Cujas a désigné le jurisconsulte Jacques Donneau (1), Adrien Baillet Théodore de Bèze et M. Sayous François Hotman (2). On a aussi nommé avec quelque vraisemblance le médecin protestant Nicolas Barnaud. D'autres enfin, — et c'est l'opinion qui nous paraît la plus plausible, — n'ont voulu voir dans ces deux dialogues qu'une œuvre écrite à la fois par plusieurs pamphlétaires, composition indigeste où l'on a tenté de faire entrer le récit des persécutions et le

---

(1) Pour plus de précision, nous reproduisons en entier le titre de ce second dialogue, dans ses deux éditions successives :

Dialogus secundus, ab EUSEBIO PHILADELPHO COSMOPOLITA, *in Gallorum et vicinarum gentium gratiam conscriptus et nunc primum in lucem editus*. Edimburgi, ex typographia Jacobi Jamœi, 1574.

Dialogue second du Réveille-Matin des François, et de leurs voisins. Composé par EUSÈBE PHILADELPHE COSMOPOLITE, *et mis de nouveau en lumière*. A Edimbourg, de l'Imprimerie de Jacques James. Avec permission. 1574.

(2) Dans sa *Præscriptio pro Jo. Montlucio adversus libellum Zach. Furnesteri* (pseudonyme sous lequel Donneau avait répondu à l'évêque Montluc).

(3) SAYOUS. *Etudes littéraires sur les écrivains français de la Réformation*. 1853, in-18. T. II, p. 43 et suivantes. Il semble à M. Sayous que plus d'une tête, sinon plus d'une main, a travaillé à cet ouvrage et que Hotman en a tout au moins inspiré la part la plus sérieuse et la plus originale.

·développement des griefs, revendication hybride qui tient à la fois de la harangue et du mémoire (1).

Il ne nous reste plus qu'à faire connaître, en terminant, comment la prose de La Boétie a pu prendre place dans ce factum. Pour cela, nous transcrirons l'argument du second dialogue, qui le résume assez exactement. Le voici : « Le Politique et l'Historiographe François (ce sont les deux interlocuteurs du dialogue), revenant par divers chemins de leur charge, se rencontrent, — comme Dieu veut, — logez en une mesme hostellerie à Fribourg en Brisgoye, et apres s'estre recognus, caressez et recueillis, ils récitent l'un à l'autre le succez de leurs voyages, l'estat present de la France, et par occasion quelques traits de celuy d'Angleterre. Ils traitent aussi de la puissance des Rois, ·de la tyrannie, et de la servitude volontaire, et plusieurs autres belles matières très nécessaires en ce temps, réservans au lendemain ce qu'ils ont à dire de plus ». Dans le cours du Dialogue, le Politique s'étonne, comme La Boétie, auquel il emprunte ses propres expressions, que « tant d'hommes, tant de bourgs, tant de villes, et tant de provinces, endurent si longtemps un tyran seul, qui n'a moyen que celui qu'on lui donne, qui n'a puissance de leur nuire, sinon tant qu'ils ont vouloir de l'endurer, qui ne sauroit leur faire mal aucun, sinon alors qu'ils ayment mieux le souffrir que lui contredire ». Mis en goût par cette idée ingénieuse, son compagnon l'Historiographe, le prie de lui dire ce qu'il pense de la servitude volontaire, lui déclarant qu'il l'écoutera jusqu'au bout et aime mieux veiller toute la nuit qu'interrompre un entretien si intéressant. « J'en suis content, reprend le Politique ; aussi bien y a-t-il longtemps que j'en suis si gros, que je creve d'envie que j'ay d'enfanter ce que je sens de c'est *(sic)* affaire. Mais je proteste bien que je n'en parleray point comme les Huguenots en parlent, ils sont trop doux et trop serviles : j'en parleray tout amplement en vray et naturel François, et comme un homme peut parler de choses sujettes à son jugement, voire au sens commun de tous les hommes ; afin que tous nos Catholiques, nos patriotes et bons voisins et tout le reste des François, qu'on traite pire que les bestes, soyent esveillez à ceste foys pour recognoistre leurs misères et aviser trestous ensemble de remédier à leurs malheurs ». Et alors, le Politique débite pour son propre compte, sans en nommer l'auteur, un long fragment

---

(1) Cette interprétation me semble confirmée par l'épithète de *Cosmopolite* ajoutée au pseudonyme de Philadelphe. Notons, en passant, que Littré ne cite pas d'exemple de ce mot antérieur au XVIIIᵉ siècle.

du *Contr'un*, en l'agrémentant de quelques allusions qui défigurent parfois la pensée de La Boétie, ou d'erreurs qui la rendent fort peu intelligible par instants. Nous avons déjà annoncé que nous reproduirions seulement ici, à titre de document curieux, la traduction latine de ce fragment. Le lecteur pourra se convaincre, en la parcourant, qu'elle n'est pas sans offrir un certain intérêt. La latinité en est pure et le traducteur a su faire passer dans ses périodes quelque chose de l'éloquence et de l'harmonie de la prose française (1).

« *Perabsurdum hoc mihi semper videri solet, dum expendo ac circumspicio mille hominum myriades miserè servientes, neque id vero invitos, aut a vi potentiore subactos facere, sed nescio quomodo, unius duntaxat solo nomine tanquam præstigiis fascinatos : cujus quidem nec potentiam debent pertimescere, cum solus homo sit : nec mores amare, cum erga eos sit inhumanus. Inferiores viribus homines sæpissime iis qui superiores sunt, morem gerere coguntur : tunc fateor tempori serviendum esse, neque enim semper potentiores esse licet. Itaque si natio aliqua bello devicta uni servire adigitur (ut olim triginta tyrannis Atheniensium civitas) non mirum est, si tum serviat : casus is lugendus est : imo vero lugendum non est, sed miseria æquo est animo ferenda, et sese quisque rebus servare debet secundis.*

« *Hoc nostræ naturæ innatum est, ut communia amicitiæ officia vitæ nostræ bonam partem possideant. Ratio postulat, ut ametur virtus, erga beneficos grato simus animo, ac sæpe de commodis nostris nonnihil detrahamus, ut honori eorum qui nobis chari sunt et merentur consulamus. Quamobrem si regionis cujusdam incolæ virum aliquem insignem nacti, cujus eximiam in eis conservandis prudentiam, magnamque in eis regendis, et gubernandis sollicitudinem experti fuerint : si, inquam, deinceps ei sponte, et ultro sese submittunt, adeoque ei confidunt, ut primatum aliquem deferant (dubito quidem an prudenter fiet illum ex eo loco removere, ubi rem præclarè gerebat, in eumque promovere, ubi rem fortassis male administrabit) verum procul dubio eorum bonitas et honestas, qui eum in gradum eum evexerunt, ex eo conspicitur, quod nihil mali ab eo metuant, a quo beneficiis fuerunt affecti.*

« *At bone Deus! Quid hoc rei est? Quænam est hæc infelicitas : quod vitii genus? Aut potius quodnam infælix vitium ? Videre innumeros homines non quidem parere, sed servire, non gubernari sed tyrannide opprimi : nec uxorem, nec liberos, ne ipsam quidem vitam in propria habere facultate, stupra, rapinas, crudelitatem perpeti, non castrorum, non barbari exercitus,*

---

(1) Nous donnons intégralement tout ce qui a été inséré du *Contr'un* dans *le Réveille Matin des François*. Ces passages occupent les pages 182-190 du second dialogue dans l'édition française et les pages 128-134 de l'édition latine.

adversus quem sanguinem, vitamque fertiliter effundere decet, sed unius duntaxat, non Herculis quidem, vel Sansonis, sed pusilli homuncionis, quo in totâ gente et natione nemo erit mollior, ignavior nec effeminatior : non qui vi et annis homines ad imperium cogere possit, sed qui impudicæ mulierculæ servitio totus addictus sit : idne vero ignaviam dicemus ? eosque qui ei serviunt, imbelles appellabimus ?

« *Si duo, tres, quatuorve ab uno lacessiti vim illius atque injuriam non repellant, id quidem absurdum videbitur, ac fortassis non injuria fracto esse animo arguentur. At si centum, si mille ab uno quidvis patiantur, nonne ei obsistere nolle, non autem non audere dicentur? Neque ignaviæ, sed incuriæ et contemptui tribuendum esse, si non centum, non mille homines, sed centum provinciæ, mille civitates, infinitæ myriades hominum cum uno solo manus conserere detrectent. Quo vero id tandem nomine vocabimus? An ignaviam ? an inertiam?*

« *Hoc a natura omnibus vitiis comparatum est, ut certas quasdam habeant metas, ultra quas transgredi nequeant. Duo unum metuere poterunt, imo, etiam fieri poterit, ut a decem unus reformidetur. At mille mille myriadas hominum, at mille civitates unius vim, atque impetum nequaquam propulsare! Non hæc quidem est ignavia, minimè eousque progreditur, sicuti nec ex opposito eousque protenditur fortitudo, ut vir solus murum ascendat, cum acie solus confligat, regnum invadat, ac in suam ditionem redigat. Quod igitur hoc vitii genus et portentum est, quod ne ignaviæ quidem appellationem meretur ? cui satis turpe nomen indi* (sic) *(1) nequit. Constituantur una ex parte quinquaginta armatorum hominum millia, totidem ex adversa opponantur; instruantur utrinque acies, signo dato concurrant, pro libertate alii retinenda, alii adimenda pugnent : quibus conficere possumus adscribendam esse victoriam? utros alacriori studio ad pugnam profecturos confidimus? an eos qui pro suorum laborum et virtutis præmio libertatis conservationem sperant, an vero eos qui nullum aliud pro illatis acceptisve vulneribus, quam aliorum servitutem expectant? Ante illorum oculos semper anteactæ vitæ versatur felicitas, ad in posterum solitæ quietis et voluptatis expectatio : non adeo afficiuntur iis quæ brevi illo pugnæ tempore subeunda sunt, quam iis quæ ipsis perpetuo, liberis, ac universæ posteritati perferenda erunt.*

« *His vero nihil est quod addat animos, quem exiguus concupiscentiæ stimulus, qui statim ad primum periculum retunditur, nec adeo incenditur concupiscentiæ æstus quin, ut verisimile est, minima sanguinis guttula facilè extingui possit. In præliis illis celebribus Milciadis et Themistoclis, ante duo millia annorum commissis (quorum adhuc recens adeo viget memoria historiarum beneficio quam si hesterno die facta fuissent) quid tam exiguis Græcorum copiis non vires, sed constantiam ac fortitudinem tantam suppe-*

---

1) Indici.

ditam censemus, ut tot navium impetum sustinerent, tot gentes in unum collectas funderent, quam quod gloria dierum illorum, non tam pugna Græcorum adversus Persas, quam libertatis de dominatione, et tyrannide, ingenuitatis de immoderata regnandi cupiditate victoria et triumphus fuisse videtur? Incredibile dictum est, quantam generositatem, suorum defensorum animis ingeneret, et excitet libertas.

« Quod autem quotidié factitari in Francogallia nostra cernimus (1), ut homo solus mille civitates pro libidine fœdè conculcet, quis unquam nisi oculatus testis, crederet? Id vero si tantum in exteris nationibus conspiceretur, quis non potius commentum, quam rem veram esse arbitraretur? Atqui solus homo est, ille tyrannus : cum quo dimicare, non opus est, satis per se profligatus est, dummodo propriæ servituti non assentiantur provinciæ. Nihil ei adimendum est, nihil duntaxat illi est subministrandum. Ipsemet ergo est pŏpulus qui sese opprimi sinit, qui seipsum mancipat, siquidem cum servitutis et libertatis ei datur optio, nuncio libertati remisso servitutis jugum eligit : qui suo malo et detrimento subscribit, idque potius sibimet ipse accessit ac persequitur. Si cum aliquo dispendio et jactura recuperanda esset libertas, non urgerem : quamquam quid homini charius esse debet, quam sese in naturæ jus vindicare? Verum enimvero non tantos ab eo spiritus postulo, concedo ut nescio quam miserè vivendi securitatem dubiæ quietè et beatè vivendi spei præferat. Quid? si ut potiatur libertate, ea duntaxat optanda est? si sola voluntate et voto opus est? An ulla erit gens, quæ eam nimis caram et paratu difficilem, ut pote quæ solo desiderio acquiri possit, existimet? quæque voluntati et voto parcat, ut id bonum recuperet, quod pretio etiam sanguinis redimi deberet? Profecto sicuti scintillæ igniculus augetur subjecta materia, sed ignis, si ligna non suggerantur, sponte extinguitur, sic etiam tyranni quo magis extorquent, eo magis omnia ad exitium vocant, quo plura eis erogantur. At si nihil eis suppeditetur, si suos non geratur, sine dimicatione, sine ictu, nudi concident.

« Generosi homines ut optatum bonum assequantur periculum non reformidant, consulti et prudentes laborem non fugiunt : qui vero sunt ignavo animo neque mortem oppetere, nec bonum amissum recuperare nolunt, hic solum consistunt, ut expetant : aspirandi facultas et virtus ab eis sua ignavia sublata est. Poliundi quidem voluntas, et desiderium illis a natura insitum permanet. Ac commune hoc quidem votum est tum stultis, tum intelligentibus tum forti animo prœditis, tum ignavis, ut omnia quæ adepti, beati ac fœlices, suaque sorte contenti effici possint, exoptent : in hoc uno defuisse hominibus natura quodammodo videtur, in expetenda scilicet libertate, quæ tamen adeo pulchrum, et jucundum bonum est, ut eâ amissâ sensim irrepant omnia mala, si quæ vero bona adhuc remanent, et supersunt eâ corruptâ et depravatâ, servitute omnem venustatem et saporem simul amittant.

---

(1) Inutile de remarquer que La Boétie ne spécialise pas dans le texte de la *Servitude volontaire* généralement adopté.

« *Solam libertatem non expetere homines ideo videntur, quoniam ea, si expeterent, frui liceret : quod perinde est, ac si hoc tantum bonum idcirco parare negligerent, quod paratu nimis facile sit.*

« *O miseri et infœlices populi! o natio obstinato animo tuam perniciem persequens! Vobis spectantibus ac ferentibus, vestrorum fructuum potior et præstantior pars vi aufertur, in vestris agris prœdæ aguntur, diripiuntur domus, ac supellectile paterna et avia spoliantur : ita vivitis ut nihil vobis proprium vendicare audeatis, imo deinceps maximi commodi et fœlicitatis loco ducetis, si bona vestra, fundos, familias adeoque vitam ipsam, precario et tanquam conducta possideatis. Hæc vero omnia infortunia, exitia et vastitates non ab infestis hostibus manant, sed ab hoste quidem, eoque hoste quem vos adeo attollitis, pro cujus amplitudine vestra capita morti fortiter offerre non veremini. Is qui vobis adeo insolenter dominatur, duabus manibus tantum præditus est, uno corpore, nec quicquam prætercea, quam quivis plebeius possidet, habet : excepto animo prædatore, ac proditore, eaque autoritate, quam ei vos in vestram pestem conceditis : unde quæso tot oculos quibus vos observat, et speculatur, sortitus esset, nisi ipsimet suppeditaretis? Unde tot manus haberet, quibus vos cædit, et vulnerat, nisi ex vobis ipsis depromeret? Pedes vero quibus capita vestra conculcat, unde nisi ex vestris nactus esset? Quam aliam adversus vos potestatem, nisi quam vos ei attribuitis, obtinet? Semina vestra terræ committitis, ut vastitatem inferat, ædes supellectile ornare studetis, ut suis rapinis escam suggeratis. Alitis filias vestras ut suam libidinem explere possit. Liberos vestros educatis, ut eos ad sua bella rapiat, ad lanienam ducat, ut iis suarum libidinum ministris abutatur, per eos tanquam satellitates suas vindictas ulciscatur. Vestra corpora laboribus defatigatis, ac frangitis, ut tyrannus in deliciarum omne genere molliter delitescat, ac sese in fœdis voluptatibus provolvat. Vos vos ipsi debilitatis, ut eum confirmetis, utque vos fræno arctiore comprimat. Ex tot indignis molestiis, quas in vix ipsa quidem bruta animalia perferrent, vos facilè afferetis, si, ut id ponitis, non dicam conemini, sed solum in animum inducatis. Nolite amplius servire, hocque ratum et firmum habetote, ecce vobis libertas parta est. Nolo ut commoveatis, aut concutiatis, nolite tantum fulcire, eumque, magni instar Colossi, cui basis ac ponderis fulcimentum subductum est, corruere ac comminui videbitis.*

V

LA BOÉTIE PHILOLOGUE.

Voici la description du rarissime volume qui renferme la traduction de Ferron. Nous suivons pour cela l'exemplaire inscrit à la Bibliothèque Nationale, sous la côte J. 10,808.

Le format est le petit in-8°. Dans un joli encadrement à figures pantagruéliques, se trouve le titre : *Plutarchi Chœronei Eroticus*, *interprete Arnoldo Ferrono Burdigalensi Regio consiliario, ad Franciscum Nomparem Caulmontionum* (sic) *Regulum.* Lugduni, apud Joan. Tornaesium. XDLVII. pp. 102, numérotées. A la fin, la devise *Son art en Dieu* sur une banderole.

P. 3. *Arnoldus Ferronus Francisco Nompari Caulmontiorum regulo s. d.* — Comme l'a dit M. Dezeimeris, cette préface est de Scaliger, qui l'a reproduite dans ses *Epistolæ* (p. 88) sous ce titre : *Ad Franc. Nomparum* (sic), *in versionem Erotici Plutarchi, nomine amici.* Seulement Ferron y a introduit, vers la fin, un fragment d'une autre dédicace faite aussi par Scaliger *nomine amici*, et qui se retrouve à la page 285 des *Epistolæ* de celui-ci.

P. 8. *Plutarchi Chœronei sermo amatorius, Arnoldo Ferrono Burdigalensi Regio consiliario interprete.*

P. 79. *Martha Valeria Arnoldi Ferroni hæc congerebat.* — C'est une suite de sept épigrammes rassemblées par Marthe de Vallier, femme de Ferron, et tirées pour la plupart de l'*Anthologie.*

P. 80. *Recognita quœdam.* — Sous ce titre, sont publiées les corrections fournies par La Boétie. Elles se terminent à la page 92 par cette mention : *Hæc adnotare libuit, pleraque autem sunt ex iis quæ a Stephano Boetho, collega meo, viro verè Attico et altero œtatis nostræ Budœo, excepi.* Puis viennent, sur la même page 92, des notes latines de Ferron, contenant des variantes pour sa version et publiées sans intervalle qui les sépare de ce qui précède.

P. 99. *Restituta alia.* — Ce sont quelques corrections de texte avec renvoi en marge à l'édition de Froben. Ces *restituta* se terminent à la page 101.

Ainsi que l'indique la note d'Arnauld de Ferron, tous les *recognita* ne sont pas dûs à La Boétie. La plupart en viennent cependant, et il est impossible de dire quelles sont les corrections qu'il faut lui restituer. En présence de cette difficulté, M. Dezeimeris a donc publié intégralement, dans les *Publications de la Société des Bibliophiles de Guyenne* (1868, in-8°, t. I, pp. 81-161), toutes les notes indiquées par Ferron comme pouvant être de La Boétie.

Elles sont au nombre de 101. M. Dezeimeris les a fait précéder d'une préface magistrale qui indique bien le rôle philologique de Ferron et celui de La Boétie. Sans être un savant de la valeur de Scaliger, son ami, manquant surtout de sagacité, Ferron était un helléniste habile. Toujours il sut rendre, en des traductions aisées, le sens des auteurs qu'il interprétait. Souvent il se trompa, parfois aussi, au cours de sa besogne, il trouva d'ingénieuses conjectures.

Quelle part revient à La Boétie, dans la traduction du traité *de l'Amour*? M. Dezeimeris la suppose assez notable; il serait même porté à croire que Scaliger fit allusion à ce fait, lorsqu'il parlait, dans ses vers, de la grande part revenant à *Ambactus* dans certaine traduction signée de celui qu'il nommait *Struma* et qui n'était autre que Ferron (1).

« Les notes de La Boétie conservées par Ferron, ajoute M. Dezeimeris, nous permettent de nous faire une idée de la nature du travail fourni au traducteur de Plutarque par le jeune et éminent helléniste ; mais, en réalité, la collaboration de celui-ci dût être beaucoup plus importante qu'on ne serait porté à le croire par l'examen pur et simple des remarques subsistantes. Nous savons, en effet, que les notes parvenues jusqu'à nous sont seulement un extrait de celles qu'il avait fournies. Certaines observations relatives à des passages compris dans les deux premiers tiers du traité *de l'Amour* ont été supprimées et celles se rapportant au dernier tiers n'ont pas été conservées. Du reste, il faut remarquer que l'ensemble de ces annotations avait essentiellement le caractère d'une communication amicale, et il est très probable que La Boétie ne les écrivait pas avec la pensée de les voir imprimer plus tard. Tout porte à croire que, d'ordinaire, lorsque Ferron adoptait les remarques ou corrections de La Boétie, ces corrections étaient introduites par lui dans le corps même de sa version, et il jugeait inutile dès lors de les répéter à la fin du volume. Une négligence de l'imprimeur nous fournit même un exemple très important des surcharges

---

(1) Scaligeri *Poemata*, p. 427, et aussi *Publications de la Société des Bibliophiles de Guyenne*, t. I, p. 98.

faîtes sur le manuscrit. Peut-être aussi Ferron qui, si l'on en croit Scaliger, était assez tenace dans ses idées, supprimait-il celles des remarques de son collègue qui se trouvaient en opposition avec ses propres idées. En tout cas, il est certain que nous n'avons qu'une partie du travail de révision accompli par La Boétie sur la version de Ferron; mais ce qui subsiste suffit pour que l'on puisse constater le mérite du philologue et la valeur de son œuvre » (1).

Les annotations insérées par Ferron sont pleines de sens et de savoir. Elles contiennent des interprétations nouvelles, des rapprochements ingénieux, des leçons adoptées par la critique. En les publiant à nouveau, M. Dezeimeris les a accompagnées d'un commentaire savant et copieux, qui en montre toute la valeur. Nous y enverrons le lecteur désireux d'approfondir davantage le caractère de La Boétie, ou d'étudier son œuvre de plus près. Il y verra que bien des corrections, dont les éditeurs de Plutarque ont fait leur profit, depuis Xylander jusqu'à Winckelmann, remontent jusqu'à La Boétie et jusqu'à Ferron, qu'on a mis à contribution sans les nommer.

C'était justice de restituer aux deux amis les efforts tentés en commun pour éclairer un texte parfois si difficile à comprendre, d'indiquer les résultats auxquels leur sagacité les a conduits. M. Dezeimeris l'a fait avec un tact plein de pénétration. Ses recherches érudites nous ont montré un La Boétie nouveau, qu'il n'est plus permis de méconnaître. Elles ont dévoilé une des aptitudes de cet esprit, qui en avait de si brillantes, au dire de Montaigne. Ce travail de critique nous fait lire avec une plus entière confiance les pages que l'auteur des *Essais* a consacrées à l'homme et à l'ami.

VI

DE LA TRADUCTION DES *ÉCONOMIQUES* D'ARISTOTE
ATTRIBUÉE A LA BOÉTIE

Nous n'avons pas à examiner ici les nombreux problèmes d'histoire littéraire soulevés par les *Economiques* d'Aristote. Ces questions, fort

(1) *Publications de la Société des Bibliophiles de Guyenne,* t. I, p. 112.

intéressantes sans doute, nous entraîneraient absolument hors de notre sujet. Elles sont d'ailleurs résumées, et, pour la plupart, résolues, dans deux mémoires importants de MM. Egger et Hauréau, publiés dans les *Mémoires de l'Académie des Inscriptions et Belles-Lettres,* tome XXX, première partie, pages 419 et 463.

Sans s'arrêter sur le point de savoir si l'*Economique* a été bien réellement composé par Aristote ou par son disciple Théophraste, point délicat qui restera probablement longtemps dans l'ombre, il nous suffit de rappeler que des deux livres sur ce sujet, qui nous sont parvenus sous le nom d'Aristote, le premier seul semble être du grand philosophe. Et encore, parmi les dix chapitres qui le composent, nous ne possédons l'original grec que des six premiers; les quatre autres sont cités d'ordinaire d'après la traduction latine de Léonard Bruni d'Arrezzo, faite au commencement du XVᵉ siècle (1).

Ce sont ces six premiers chapitres qui furent traduits en 1554 et publiés sous ce titre : *Les Œconomiqves d'Aristote, c'est-à-dire la manière de bien gouuerner une famille, nouuellement traduictes de grec en françois* (2).

Quoique l'auteur de cette traduction ne soit point nommé en tête de ce petit volume, on l'attribue assez généralement à Gabriel Bounin, avocat au Parlement de Paris, et les initiales G. B., placées en tête de la dédicace au conseiller Brinon, s'accordent parfaitement avec cette désignation que La Croix du Maine a faite pour la première fois, dès la fin du XVIᵉ siècle (3). En 1554 ce jeune homme n'avait que dix-huit ans, si l'on en croit un portrait placé, en 1561, au verso du titre de sa tragédie *La Soltane* (4).

Quarante-six ans après, l'éditeur Claude Morel mettait en vente le recueil des opuscules de La Boétie, que son père Fédéric Morel avait publié en 1571, en le faisant seulement précéder d'une traduction des six chapitres de l'*Economique* d'Aristote, placée au nom de La Boétie. Cette collection des œuvres de La Boétie n'était donc autre que celle éditée par les soins de Montaigne et qui sans doute n'avait pas eu grand

<hr>

(1) Le Français J. Toussain (Tusanus) s'est amusé à la remettre en grec et c'est ce texte qu'on réimprime quelquefois.

(2) A Paris, de l'imprimerie de Michel de Vascosan, demourant ruë S. Jacques, à l'enseigne de la Fontaine. M.D.LIIII. Avec privilège du Roy.

(3) Bibliothèque de la Croix du Maine, 1584, in-folio, p. 109.

(4) Ce portrait est reproduit en tête d'autres ouvrages de Bounin, mais alors sans indication d'âge. — En outre des bibliothèques de La Croix du Maine et Du Verdier, on trouvera des renseignements sur Gabriel Bounin dans la *Bibliothèque françoise* de l'abbé Goujet, t. XIII, p. 243.

débit. La composition et la pagination du volume étaient les mêmes, comme on le verra plus loin. Seul le titre avait été changé pour justifier cette nouvelle accession; la traduction d'Aristote portait une pagination et une table séparées.

Longtemps cette nouvelle traduction passa pour différente de celle de 1554 et les bibliographes regardèrent La Boétie comme le troisième traducteur français de l'opuscule d'Aristote. Ceci s'explique par l'extrême rareté de l'une et l'autre plaquettes, qui empêchait de les rapprocher. Mais M. Egger, ayant eu l'occasion de comparer la traduction de Bounin, qu'il avait rencontrée dans la bibliothèque de son confrère M. B. Hauréau, à celle qu'on attribue à La Boétie, n'eut pas de peine à reconnaître que l'une n'était que la reproduction de l'autre. Mis à même, à notre tour, de conférer les deux textes, grâce à l'extrême obligeance de M. Hauréau, nous n'avons pu que confirmer les assertions du savant helléniste.

Comme l'écrivait M. Egger en exposant les résultats de sa trouvaille (1), Claude Morel aurait donc été l'auteur ou la victime d'une supercherie, lorsque, en 1600, il ajoutait cet opuscule à la collection des œuvres de La Boétie, et c'est à Gabriel Bounin que reviendrait l'honneur, si mince qu'il soit, de cette propriété.

Le premier point nous semble certain. La supercherie est patente : elle résulte de ce fait que Claude Morel a servilement reproduit le libelle de 1554, en omettant la dédicace, c'est-à-dire le seul document qui put faire deviner le véritable auteur (2).

De plus, il est fort téméraire, à notre avis, de dire que La Boétie ait jamais traduit Aristote. Personne ne parle de cette prétendue traduction avant la publication de Claude Morel, et Montaigne était trop soucieux de la gloire de son ami pour manquer de la reproduire dans son recueil de 1571, où il avait ramassé *vert et sec* tout ce qui sortait d'une plume si chère. Si cette traduction avait vraiment appartenu à celui qu'il pleurait, comme elle était imprimée depuis quinze ans déjà, il l'aurait assurément connue et n'aurait pas omis d'en dire tout au moins quelques mots.

Enfin, comme le remarque judicieusement M. Egger, si La Boétie est l'auteur de cette traduction, comment expliquer qu'ayant traduit deux ouvrages sur le même sujet et portant tous deux en grec le

---

(1) D'abord dans les *Annales de la Faculté des Lettres de Bordeaux*, année 1880, p. 85, et ensuite dans les *Mémoires de l'Académie des Inscriptions et Belles-Lettres*, t. XXX, 1re partie, p. 459.

(2) Voir plus loin *Notes bibliographiques*.

même titre, il ait intitulé celui de Xénophon *la Mesnagerie* et celui d'Aristote *les Economiques*? Claude Morel avait si bien compris l'anomalie, qu'il avait mis sur le titre de son volume le seul nom de *Mesnagerie*, quitte à laisser reparaître, un peu plus loin, le nom d'*Œconomiques*.

Quant à l'argument en faveur de Bounin contre La Boétie que M. Egger veut tirer du langage modeste de la dédicace, il ne nous paraît pas concluant. En 1554, La Boétie était à peine conseiller au Parlement de Bordeaux, où il prêta serment dans le courant de mai de la même année, et non en 1550 comme M. Egger l'écrit par erreur. Il était alors presque aussi jeune et aussi inconnu que Bounin. Nous ne voyons pas en quoi le sentiment de son inexpérience messied à un magistrat de vingt-quatre ans, qui promettait plus qu'il n'avait donné jusqu'alors.

Mais ceci n'infirme en rien les conclusions logiques du raisonnement de M. Egger, qui sont aussi les nôtres. On ne peut nier que l'édition de 1600 ne soit la reproduction très exacte, maladroite même à force d'exactitude, de celle de 1554. En rapprochant l'ouvrage d'Aristote de celui de Xénophon, Claude Morel a voulu probablement réunir les traductions de deux textes qu'on publiait assez communément ensemble. C'est la seule excuse d'une opération qui rajeunissait un volume depuis longtemps mis en vente. Le mauvais côté de son action a été de porter, pour cela, au compte d'un seul et même interprête ce qu'il savait sans doute être l'œuvre d'un autre. Encore ne faut-il pas juger trop sévèrement ce procédé, à un moment où l'idée de la propriété littéraire n'était pas encore développée.

Quel était exactement l'auteur de cette traduction d'Aristote, attribuée ainsi à La Boétie? Etait-ce bien Gabriel Bounin? Comme nous l'avons dit, le petit volume de 1554, reproduit en 1600, n'est pas signé. Seules les initiales G. B., qui précèdent la dédicace, confirment l'attribution qu'en fait La Croix du Maine. Bounin était un helléniste assez expert; il abusait même du grec dans ses autres ouvrages. La chose est donc fort vraisemblable; d'autant que nous avons noté dans l'opuscule de 1554 quelques signes qui se retrouvent aussi dans les publications de Bounin, par exemple la répétition d'une même maxime grecque, à la fin de la traduction et de la table, ce que Bounin fait assez souvent. C'est là un indice peu probant, sans doute, qui a cependant sa valeur pour confirmer d'autres indications.

VII

TESTAMENT D'ESTIENNE DE LA BOÉTIE.

Le testament d'Estienne de La Boétie a été publié pour la première fois, d'après une copie fournie par M. Jules Delpit, dans le *Chroniqueur du Périgord et du Limousin* (Périgueux, 1854, in-folio, t. II, p. 25). Il en a été fait un tirage à part sous ce titre : *Testament de Etienne de La Boétie, l'ami de Montaigne, publié pour la première fois* (Périgueux, 1854, brochure in-8º de 16 p.). Dix ans après, on a réimprimé ce document dans la *Revue des races latines* d'octobre 1863 (t. XLI, p. 406). Plus tard, une nouvelle transcription, d'après la minute même du notaire, a été donnée dans la belle collection des *Archives historiques de la Gironde* (t. XVII, p. 161). C'est de beaucoup la plus exacte et c'est elle que nous reproduisons ci-dessous (1). Enfin, on retrouve encore ce testament dans l'ouvrage de M. Théophile Malvezin sur Montaigne et sa famille, où il est publié (p. 289) d'après une copie défectueuse conservée à la Bibliothèque publique de la ville de Bordeaux, dans les *Titres de la maison noble de Montaigne*.

« Au nom du Père et du Filz et du Sainct Esprit, amen. Saichent tous presens et advenir que, aujourdhuy, soubz escript, dacte de ces presentes, pardevent moy, Jehan Raymont, notaire et tabellion royal, en la ville et cité de Bourdeaulx et seneschaucée de Guyenne, présens les témoingtz, cy soubz escriptz et nommés ; a esté présent et personnellement constitué Monsieur Maistre Estienne de Laboétie, conseillier du Roy, en sa court de parlement de Bourdeaulx ; lequel estant détenu mallade de malladie, au villaige de Germinhan, en la paroisse du Tailhan, et au bordieu (2) de Monsieur de Lestonna (3) ; toutes fois estant

(1) La minute du testament d'Estienne de La Boétie est conservée aux Archives départementales de la Gironde, *E. Notaires.* J. Raymond, 1563, nº 447-1, fº 39.

(2) *Bourdieu*, petit domaine, en patois bordelais.

(3) Richard de Lestonnac, seigneur d'Espaigne ou du Parc à Mérignac, conseiller au Parlement de Bordeaux, avait épousé, le 5 mai 1555, Jeanne de Montaigne, sœur de Michel, dont il eut plusieurs enfants.

en son bon sens, bon propoz, bonne mémoire, volant porvoir de ce que Dieu luy a donné, en ce monde, a faict et ordonné, de sa propre bouche, son testament et ordre de dernière volumpté, en la forme et manière qu'il est escript cy-dessus *(sic)*.

Estienne de Labeoetie *(sic)*, conseillier du Roy, en la court de Parlement de Bourdeaulx, en présence de moy, notaire, et tesmoingtz, a fait son testament noncupatif, en la forme et maniere que s'en suyt :

Premierement, a volu estre enterré, là, où et en la maniere qu'il plaiera à son héritier, et à sa discreption ;

Item, a déclairé qu'il est bien marry qu'il ne puysse faire quelque grand adventaige a ses très amées seurs, Clemence et Anne de Laboetie (1) ; mais il s'aseure tant de leur bonté qu'elles prendront en bonne part ce qu'il faict, pour ne pouvoir, ny ne debvoir aultrement faire ;

Item, a nommé, de sa bouche, son héritier universel, en tous et chascuns ses biens, meubles et immeubles, son oncle et parrin, Estienne de Laboetie, vrayement son aultre père, à qui il est tenu de son institution et de tout ce qu'il est et pouvoit estre ; et prie ledit Estienne de Laboetie, très affectueusement, de bailher a sa bien aymée femme et expouse, Marguarite de Carle (2), la somme de douze cens livres tournoises. Six cens livres, dans la fin de l'année presente, et les aultres six cens, dans la fin de l'aultre année prochaine.

Ledict testateur prie Monsieur Maistre Michel Ayquem de Montaigne, conseiller du Roy, en la court de Parlement de Bourdeaulx, son inthime frère et inviolable amy, de reculhir, pour un gaige d'amitié, ses livres qu'il a a Bourdeaulx, desquelz luy faict present, excepté de quelques ungtz de droict, qui sont à son cousin, filz légitime et héritier du feu seigneur president de Calvymont.

Ledict testateur a treuvé beaucoup de fidélité et de bonne volumpté à Sainct-Quentin, sa niepce, qui est maintenant norrie avecques sa femme ; il luy donne deux cens livres tournoises, payables, l'heure ét le jour qu'elle se mariera.

A Jacquette d'Arssac, sa belle fille (3), luy donne cens livres tournois, payables, l'heure et le jour qu'elle se mariera.

---

(1) Sur les personnes de la famille de La Boétie mentionnées dans le testament consulter les *Notes généalogiques* publiées ci-devant.

(2) La mort de Marguerite de Carle est bien postérieure à celle de La Boétie. Nous en ignorons la date exacte ; nous savons seulement qu'elle fit son testament le 7 juin 1580. Sans doute elle ne survécut pas longtemps (Th. Malvezin, *Michel de Montaigne, son origine et sa famille*, p. 305).

(3) De son second lit avec Estienne de La Boétie, Marguerite de Carle n'eut pas d'enfants, mais

A laissé, son exécuteur, sondict oncle.

Item, a cassé et adnullé, casse et adnulle tous testemens qu'il pourroit avoir faict par cyd[ev]ent, et veult que ledict present testement aye valleur et non aultre; et, s'il n'avoit valleur, par forme de testament, qu'il aye valleur, par forme de codicille, et laisse faicte et irrévocable.

Et a appelé, à tesmoingtz; Thomas de Montaigne, escuyer, seigneur de Beauregard (1), Maistre Nicolas Brodeau, docteur en médecine, Charles Bastier, maistre appoticaire de Bordeaulx, Françoys Gailhard, Sardon Viault, Raymond Dumas et Pothon Chayret, tesmoingtz cogneus, ad ce appellés et requis.

Audict lieu de Germinhan, parroysse du Tailhan, en Medoc, le quatorziesme jour du mois d'aoust, mil cinq cens soixante et troys. Ainssin signé : E. de la Boétie et Thomas de Montaigne, Nycolas Brodeau, C. Bastier et Francoys Gailhand.

RAYMONT, notaire royal.

VIII

NOTES BIBLIOGRAPHIQUES.

Au point de vue de leur publication, les ouvrages de La Boétie se divisent naturellement en deux classes : ceux qui ont été imprimés par Montaigne et ceux qui ont vu le jour à son insu. Les premiers, qui comprennent les traductions et les poésies françaises ou latines, offrent toutes les garanties désirables de correction et d'exactitude. Au contraire, le *Discours de la Servitude volontaire*, qui forme à lui seul la deuxième catégorie, soulève quelques questions philologiques, qu'un examen approfondi des divers textes publiés pourrait sans doute éclaircir.

---

elle en eut deux de Jean d'Arsac, son premier mari : Gaston d'Arsac, décédé jeune et sans enfants, et Jaquette d'Arsac, dont il est question ici et qui épousa Thomas de Montaigne.

(1) Frère cadet de Michel, Thomas de Montaigne, seigneur de Beauregard, avait épousé en premières noces Serène Estève, de Langon, qui mourut sans enfants. Il convola avec Jaquette d'Arsac, quelque temps après la mort de La Boétie. Celle-ci étant décédée vers 1578, en lui laissant plusieurs enfants, il contracta une troisième union en 1582, avec Françoise de Dampierre.

LA | MESNAGERIE | DE XENOPHON. | Les Règles de mariage, | DE PLVTARQUE. | Lettre de consolation | de Plutarque à sa femme. | Le tout traduict de Grec en François par feu | M. ESTIENNE DE LA BOETIE | Conseiller du Roy en sa Court de Parlement | à Bordeaux. | Ensemble quelques Vers Latins | et François de son inuention. | *Item, un Discours sur la mort dudit Seigneur | De La Boétie, par M. de Montaigne.* | — A PARIS. | De l'Imprimerie de Federic Morel, rue | S. Ian de Beauuais, au Franc Meurier. | M. D. LXXI | . AVEC PRIVILÈGE. |

Petit in-8º de 131 ff. Signatures Aij-Rij.

Folio 1 vº. Extraict du privilège (daté du 17 octobre 1570).

Folio 2. A Monsieur Monsieur de Lansac, chevalier de l'ordre du Roy, Conseillier de son Conseil privé, Surintendant de ses Finances, et Capitaine de cent gentils-hommes de sa maison (Lettre de Montaigne non datée).

Folio 3 vº. Advertissement au Lecteur, par M. de Montaigne (Paris, 10 août 1570).

Folio 4. La Mesnagerie de Xénophon, traduite de Grec en François par M. Estienne de la Boétie, Conseiller du Roy en sa court de Parlement de Bordeaux.

Folio 71. A Monsieur Monsieur de Mesmes, seigneur de Roissy et de Mal-Assize, Conseiller du Roy en son privé Conseil (Lettre de Montaigne, datée de *Montaigne, ce 30 avril 1570*).

Folio 73. Les Règles de mariage, de Plutarque.

Folio 89. A Madamoiselle de Montaigne, ma Femme (Lettre de *Paris, ce 10 Septembre 1570*, signée, *Vostre bon mary, Michel de Montaigne*).

Folio 90. Lettre de consolation de Plutarque à sa femme.

Folio 99 vº. Stephani Boetiani, Consiliarii regii in Parlamento Burdigalensi, Poëmata.

Folio 100. A Monseigneur monsieur de L'Hospital, chancelier de France (Lettre de Montaigne, datée de *Montaigne, ce 30 avril 1570*).

Folio 102. Stephani Boetiani, Consiliarii regii in parlamento burdigalensi, Poëmata.

Folio 121. Extraict d'une lettre que Monsieur le Conseiller de

Montaigne escrit à Monseigneur de Montaigne, son père, concernant quelques particularitez qu'il remarqua en la maladie et mort de feu Monsieur de la Boétie.

Folio 131. Achevé d'imprimer le 24 de novembre 1570.

Ce petit recueil, assez rare sous cette date et ainsi composé, s'est vendu 160 fr. à la vente Chédeau (n° 265).

Vers François de feu | ESTIENNE DE LA BOETIE | Conseiller du Roy en sa | Cour du Parlement | à Bordeaux. | (Marque du libraire) | A PARIS | *Par Federic Morel Imprimeur du Roy*. | M.D.LXXI. | AVEC PRIVI‑LEGE |

Petit in-8° de 19 ff. Signatures Aij-Eiij.

Folio 2. A Monsieur Monsieur de Foix, conseiller du Roy en son Conseil privé, et Ambassadeur de sa Majesté près la Seigneurie de Venise (Lettre datée de Montaigne, le 1er septembre 1570).

Folio 5. Vers françois de feu E. de La Boétie, Conseiller du Roy en sa Cour de Parlement à Bordeaux. — A Marguerite de Carle, sur la Traduction des plaintes de Bradamant au XXXII chant de Loys Arioste.

Folio 8. Chant XXXII. Des plaintes de Bradamant.

Folio 12. Chanson.

Folio 13 v°. Sonnets.

Ce petit opuscule est excessivement rare et n'a pas été signalé jusqu'ici, à ma connaissance, par les bibliographes. L'unique exemplaire, isolé, que j'aie rencontré, est conservé à la Bibliothèque de l'Arsenal, *Belles-Lettres*, n° 6,540 (Réserve). C'est le même qui se trouve mentionné sous le n° 12,982, dans le catalogue de la bibliothèque La Vallière dressé par Nyon l'aîné (t. IV, p. 82).

Je trouve un autre exemplaire portant cette même date de 1571 réuni aux traductions et aux vers latins de La Boétie, publiés également par Montaigne en 1571. C'est le volume inscrit sous le n° 511 de la collection Payen, à la Bibliothèque Nationale. Cet exemplaire est particulièrement précieux, car sur le titre, on lit la signature de Montaigne, ce qui confirme absolument l'exactitude de la date.

En 1572, il a été également mis en vente des exemplaires de la *Mesnagerie* portant le millésime de 1572, qui offrent une analogie

absolue avec les exemplaires publiés en 1571. Plus communs que
ceux-ci, on les trouve assez souvent réunis aux vers français, dont on
a fait un tirage, la même année, en tout semblable au premier. On a
vu plusieurs fois figurer, dans les ventes publiques, ce recueil ainsi
composé. Nous ne parlerons ici que de l'exemplaire de J. A. de Thou
qui atteignit 655 fr. à la vente Radziwill, en 1865. Ce volume, relié
en maroquin et orné des armes de son premier possesseur, provenait
de la vente Soubise, où on le paya 24 livres. Il a été acquis, croyons-
nous, par M. de Lignerolles.

LA | MESNAGERIE | D'ARISTOTE ET | DE
XÉNOPHON. | *C'est-à-dire* | LA MANIERE DE BIEN
GOV- | VERNER VNE FAMILLE | TRADUICTE DE
GREC EN | *françois par Feu* ESTIENNE DE LA BOE-
| TIE *Conseiller du Roy en son Parlement de Bor-* | *deaux.
Et mise en lumière auec quelques vers* | *françois et latins
dudict la* BOETIE, *par* | MICHEL *sieur de* MONTAI-
GNE. | — Marque du libraire : une fontaine. — A PARIS,
chez CLAVDE MOREL, rue | Sainct Iacques, à La Fon-
taine | M. DC. |

Petit in-8°, à pagination séparée pour l'Aristote, les Vers français et
le Xénophon. En voici le détail :

Aristote, 8 ff. — 1 f. Titre général.

Folio 2. Manque.

Folio 3. Brief recueil de ce qui est contenu en ce présent traité.

Folio 4. Les Æconomiques d'Aristote, c'est-à-dire, la manière de
bien gouverner une famille.

Folio 8 v°. Fin. Devise grecque qui termine aussi la table des
matières. — Erreur de pagination, le feuillet 4 est répété.

Les vers français sont identiques, au point de vue typographique, à
ceux de 1571 et 1572, seul le titre varie : *Vers françois de feu Estienne
de La Boétie, Conseiller du Roy en sa cour de Parlement à Bordeaux.*
— Marque du libraire : une fontaine. — *A Paris, chez Claude Morel,
rue Saint-Jacques, à La Fontaine. M.DC. Avec privilège du Roy.*

Même observation pour le Xénophon, à la fin duquel Claude Morel
a laissé la mention *Achevé d'imprimer le 24 de novembre 1570.* Rien
n'y est changé que le titre.

Ces opuscules sont fort rares sous la date de 1600. Le Dr Payen ne connaissait que deux recueils complets ainsi composés : le sien, qui provenait de la bibliothèque de Huzard (collection Payen, n° 583) et celui de M. Aimé Martin. La bibliothèque Sainte Geneviève possède l'Aristote seul, avec le même titre que le recueil tout entier (Réserve, R. 961 ²).

LA SERVITUDE VOLONTAIRE. — Ainsi que nous l'avons dit au cours de cette étude, le *Discours de la Servitude volontaire* ne parut d'abord que par fragment. Un lambeau en fut publié, en latin, puis en français, dans le *Réveille-Matin des François*. Peu de temps après, on l'intercalait en entier dans les *Mémoires de l'Estat de France sous Charles IX*.

Cent-cinquante ans s'écoulèrent, comme le remarque le Dr Payen, jusqu'à ce que Coste, le consciencieux éditeur des *Essais*, fit entrer le *Contr'un* dans ses éditions de 1727 (Genève, 5 vol. in-8°), 1739 (Londres, 6 vol. in-12), et 1745 (Londres, 7 vol. in-12). En 1740, on l'avait également imprimé à Londres dans un supplément in-4° des éditions des *Essais* de 1724 et 1725 (96 pp.). Depuis lors, sauf un petit nombre d'exceptions, le *Contr'un* a fait partie de toutes les éditions des *Essais*, dont il semblait être l'appendice nécessaire. Nous ne mentionnerons ici que les éditions séparées qui en ont été faites.

Lettres de M. Montaigne, et le traité de la Servitude, ou le Contr'un. — De l'imprimerie de Delance. A Paris, chez Louis, libraire, rue de Savoye, n° 12. 1802, in-8° de 152 pp.

La *Servitude volontaire* commence à la p. 68 et occupe toute la fin de l'opuscule. — La même année, il a été fait sous le même titre un tirage in-12, qui ne diffère du précédent que par la signature des feuilles.

De la Servitude volontaire, ou le Contr'un, Discours d'Etienne de La Boétie (1548). — Paris, Chamerot, quai des Augustins, 13. 1835, in-16 de X-96 pp.

En épigraphe : « Les esclaves volontaires font plus de tyrans, que les tyrans ne font d'esclaves forcés. ROYER-COLLARD, *Séance du 1er septembre 1835.*

L'opuscule est dédié à M. C. P. Forget, docteur et professeur agrégé à la Faculté de Médecine de Paris, et la dédicace, datée du 20 septembre 1835, signée J. B. Mesnard. Le *Contr'un* est précédé d'une courte notice sur La Boétie et d'une préface non signées. Quel-

20.

ques notes sont signées **J. B. M.** Le texte est rajeuni et les mots hors d'usage sont remplacés.

De la Servitude volontaire par Estienne de La Boétie (1548), avec une préface de F. de La Mennais (1835). — Paris, Paul Daubréé et Cailleux, éditeurs, rue du Bouloi, 23, hôtel des Domaines. 1835, in-8° de 149 pp.

La préface de La Mennais occupe 57 pp. Les notes sont de Coste, ainsi que l'indique le titre intérieur. Il a été fait, l'année suivante, à Bruxelles, chez Laurent (in-32, de 125 pp.), une contrefaçon identique à la publication française. L'édition in-8° porte successivement la mention de 1re, 2e et 3e édition et conserve la date de 1835.

La Servitude volontaire ou le Contr'un par Estienne de La Boétie ouvrage publié en l'an 1549 et transcrit en langage moderne pour étre plus à la portée d'un chacun voire des moins aisés, par Adolphe Rechastelet. — Bruxelles et Paris, chez les marchands de nouveautés. 1836, in-18 de 158 pp.

Cette édition ne fut pas mise dans le commerce : un petit nombre d'exemplaires seulement fut distribué par les éditeurs, Félix Delhasse et Charles-Antoine Teste. Ce dernier prit la part la plus active à la confection de ce libelle et la signature *Adolphe Rechastelet* n'est que l'anagramme de son nom. Né à Bagnols le 27 mai 1782, mort à Paris le 30 août 1848, Charles-Antoine Teste était le frère puîné de Jean-Baptiste Teste, le célèbre orateur. — Précédée d'extraits du chapitre de l'*Amitié* ou des lettres-dédicaces de Montaigne, *la Servitude volontaire* est accompagnée, dans cette édition, de *Quelques citations historiques de nos annales républicaines*, et de réflexions sur *La vraie et la fausse grandeur*. A la suite, on a imprimé une longue pièce de vers non signée, mais qui est de Louis-Marc-Emile Saussine, né à Paris le 14 mars 1814, mort en 1832. Cette édition, précédée d'un curieux avant-propos et accompagnée de notes, est terminée par des réflexions sur le *Trait de désintéressement d'Hippocrate*.

La Servitude volontaire, donnée pour la première fois selon le vrai texte de l'auteur, d'après un manuscrit contemporain et authentique, par le Dr J. F. Payen. — Paris, Firmin Didot frères, 1853, in-8°.

Ce texte est publié à la suite de la notice dont il sera question ci-dessous. Le manuscrit suivi a appartenu à Henri de Mesmes. Jadis coté, à la Bibliothèque nationale, sous le n° 564 du fonds de Mesmes, il porte actuellement le numéro 839 du fonds français.

De la Servitude volontaire ou le Contr'un, discours par Etienne de La Boétie, précédé d'une préface par A. Vermorel et suivi des lettres de Montaigne relatives à La Boétie. — Paris, 1863, in-32 de 192 pp.

Le premier tirage de cette édition, qui fait partie de la *Bibliothèque nationale, choix des meilleurs auteurs anciens et modernes*, a paru le 13 novembre 1863. Depuis lors, il en a été fait plusieurs autres, imprimés à un grand nombre d'exemplaires.

La Boétie, la Servitude volontaire ou le Contr'un, réimprimé sur le manuscrit d'Henry de Mesmes par D. Jouaust. — Paris, 1872, pet. in-8° de XII-66 p.

Fait partie de la collection intitulée *les Petits Chefs-d'œuvre*. Le *Contr'un* est précédé d'une préface et suivi de notes.

ŒUVRES. Les opuscules de La Boétie n'ont été réunis qu'une fois. Voici le texte du recueil :

Œuvres complètes d'Estienne de La Boétie, réunies pour la première fois et publiées avec des notes, par Léon Feugère, professeur de rhétorique au collège Henry IV. — Paris, Jules Delalain, 1846, in-12 de XXIV-532.

Cette publication, qui contient d'intéressantes remarques philologiques, renferme toutes les publications de La Boétie, y compris la traduction d'Aristote.

OUVRAGES RELATIFS A LA BOÉTIE. — Le Dr Payen a inséré, au cours de sa notice, une importante liste d'ouvrages à consulter sur La Boétie. Nous y renverrons le lecteur. Nous ne rappellerons que quelques volumes, trop importants pour les omettre, et nous essaierons surtout de compléter l'énumération du Dr Payen, en y ajoutant les travaux publiés depuis lors.

Etienne de La Boétie, l'ami de Montaigne, étude sur sa vie et ses ouvrages, précédée d'un coup-d'œil sur les origines de la littérature française, par Léon Feugère, agrégé-professeur de rhétorique au collège royal Henri IV. — Paris, 1845, in-8° de 310 pp.

Cette étude a été publiée, en 1859, dans les volumes du même auteur intitulés *Caractères et portraits littéraires du XVIe siècle*.

Notice bio-bibliographique sur La Boétie, l'ami de Montaigne, suivie de la Servitude volontaire donnée pour la première fois selon le

*vrai texte de l'auteur, d'après un manuscrit contemporain et authen-
tique, par le Dr J. F. Payen.* Paris, 1853, in-8°, 145 pp.

*Causeries du lundi par C.-A. Sainte-Beuve, de l'Académie fran-
çaise.* — T. IX, p. 112-128, article sur *La Boétie*, publié dans le
Moniteur universel, du 14 novembre 1853, à l'occasion des travaux de
Feugère et du Dr Payen.

*Étude sur Etienne de La Boétie, par M. Prévost-Paradol, publiée
à l'occasion d'une fête de charité donnée à Sarlat, le 31 juillet 1864.*
— Périgueux, 1864, brochure in-8° de 16 pp.
   Publiée dans le feuilleton du *Journal des Débats* du 19 décembre 1869,
cette étude fait partie du volume intitulé *Études sur les Moralistes
français* (Paris, 1865, in-12, pp. 41-78).

*Étude sur Estienne de La Boétie, — Traité de la Servitude volon-
taire ou Contr'un, par Albert Deberly, étudiant en droit.* — Amiens,
1864, brochure in-8° de 20 pp.

*Remarques et corrections d'Estienne de La Boétie sur le traité de
Plutarque intitulé* De l'Amour *avec une introduction et des notes, par
Reinhold Dezeimeris.* — Bordeaux, 1868, in-8° de 80 pp.
   Extrait des *Publications de la Société des Bibliophiles de Guyenne.*

Jules Claretie. La libre parole. — Paris, 1868, in-12.
   Contient un article sur La Boétie (pp. 147-157).

Les Prosateurs français du XVIe siècle, par Eugène Réaume. —
Paris, 1869, in-8°.
   La huitième leçon est consacrée à La Boétie et à Charron (pp. 181-
211).

*Les Moralistes français au XVIe siècle, par M. Albert Desjardins,
agrégé à la faculté de droit de Paris.* — Paris, 1870, in-8°.
   Cet ouvrage, couronné par l'Académie des Sciences morales et politiques, contient sur La Boétie moraliste (pp. 131-147), un ingénieux
chapitre que nous avons déjà eu l'occasion de citer.

*Benjamin Fillon, La Devise d'Estienne de La Boétie et le juriste
fontenaisien Pierre Fouschier.* — Fontenay-le-Comte, 1872, in-8° de
16 pp.

*Vies des poètes bordelais et périgourdins par Guillaume Colletet,
de l'Académie française, publiées, d'après le manuscrit autographe du*

Louvre, avec notes et appendices par Philippe Tamizey de Larroque.
— Paris et Bordeaux, 1873, in-8° de 104 pp.

La vie de La Boétie s'y trouve (pp. 51-69), à côté de celle de Lancelot de Carle, et l'une et l'autre sont publiées avec de fort intéressants commentaires.

Un mot sur La Boétie, sa famille et la prononciation de son nom pendant mon court séjour dans sa ville natale, par M. l'abbé Audierne.
— Sarlat, avril 1875, in-8° de 27 pp.

Cour d'appel d'Agen. — Un Magistrat au XVIe siècle, Estienne de La Boétie. Discours prononcé à l'audience solennelle de rentrée, le 3 novembre 1876, par M. Francisque Habasque, avocat général. — Agen, 1876, in-8° de 54 pp.

La Statue de La Boétie à Sarlat. Les vrais titres de célébrité d'Estienne de La Boétie : sa vie, ses œuvres, son génie. Mémoire dédié au Conseil municipal par A. Lasserre, avocat. — Sarlat, 1876, in-8° de 111 pp.

Conférence du 17 février 1877. Étude sur Estienne de La Boétie, par Eugène Magne, professeur de rhétorique honoraire, etc. (Se vend au profit de la statue de La Boétie). — Périgueux, 1877, in-8° de 52 pp.

A la fin se trouve reproduite une lettre d'Henri Martin à M. Lasserre (18 décembre 1876) au sujet de la statue de La Boétie.

Etienne de La Boétie, d'après de nouveaux documents, par E. de Monzie (Revue de France, t. XXIV, pp. 503-528, 1er août 1877).

Essai sur les idées politiques de Montaigne et La Boétie, par François Combes, professeur d'histoire à la Faculté des Lettres de Bordeaux. — Bordeaux, 1882, in-4° de 57 pp.

Enfin, La Boétie a été le héros d'un roman : *Nahouma, ou le château mystérieux, par Mlle E. Faugère (Paris,* 1857, in-12). Il y joue un rôle, qui, pour n'en rien dire de plus, s'éloigne fort de la réalité historique.

TABLE DES MATIÈRES

Imprimé

Par P. CHOLLET

Typographe

A SAUVETERRE.